Desarrollo de competencias para el Siglo 21

DESARROLLO DE COMPETENCIAS PARA EL SIGLO 21

Preparándonos para el éxito en tiempos de cambios

Autores

Javier F. García	Eduardo Orozco
Michael Meir	Anays Más
Silvia J. Pech	Rubén Edel
Manuel E. Prieto	Martha O. Ramírez
Virgilio Forte	Ramona I. García
María J. Espona	Maricela Urías

Editores

Javier F. García

Teresa de León

Eduardo Orozco

Humboldt International University

Navigating the Future Together!

Desarrollo de competencias para el Siglo 21

© Humboldt International University, 2016

ISBN: 978-0991577651

Library of Congress Control Number: 2016943743

Primera edición, 2016

Diagramación y cubierta: Vilma Cebrian
Alexandria Library Publishing House

www.alexlib.com

ALEXANDRIA
LIBRARY
PUBLISHING HOUSE

ÍNDICE

INTRODUCCIÓN

La evolución vertiginosa de las tecnologías de información, la conectividad global, el aumento en el uso de las redes sociales, la multiculturalidad y los nuevos modelos de negocios basados en las tecnologías representan cambios disruptivos significativos que establecen un nuevo panorama de la educación y el trabajo. La complejidad de estos retos actuales y futuros requiere de las personas el desarrollo de nuevas competencias y una nueva forma de aprender. A este tipo de nuevas competencias para el aprendizaje se les ha denominado Competencias para el Siglo 21.

El objetivo principal de la presente obra es ilustrar los diversos temas que se abordan en la Conferencia Internacional EduAction 2016 "Desarrollo de las Competencias para el Siglo 21" que denomina también el presente libro, sin ser una memoria descriptiva del evento.

La Conferencia EduAction 2016 se celebra en su primera edición en la ciudad de Miami, bajo el patrocinio y auspicio de importantes instituciones educativas, que colaboran en red, como son: Humboldt International University, el proyecto "Learning and Technology for Peace", la Fundación "Humboldt Foundation Group" y el Empowerment Experts Group de Estados Unidos, la Comunidad Internacional para la Tecnología del Aprendizaje (CIATA), la Universidad de Castilla-La Mancha, la Universidad Complutense de Madrid y la Universidad de Extremadura de España, la Asociación Brasileña para la Educación a Distancia, la Asociación Argentina para la Calidad de la Información (ArgIQ), la Universidad Veracruzana, la Benemérita Universidad de Puebla, el Instituto Tecnológico de Sonora de México y el Proyecto México X de México, la Universidad de Ciencias Comerciales de Nicaragua (UCC) y la Asociación Dominicana de Profesores de República Dominicana (ADP) entre otras organizaciones de reconocido prestigio.

El libro está estructurado en ocho capítulos que resaltan diversos aspectos relacionados con la Competencias del Siglo 21 como son: las tecnologías del aprendizaje, la alfabetización informacional y digital y los medios, las competencias vinculadas a la actividad empresarial y el liderazgo, así como competencias sobre la investigación y la innovación.

Los autores son un grupo selecto de estudiosos del tema que participan como conferencistas magistrales de la Conferencia EduAction 2016 y han presentado los resultados de sus análisis o investigaciones en esta obra, lo cual infiere a la misma un alto valor académico.

El primer capítulo, elaborado por el Dr. García, es una introducción a toda la problemática en cuestión y aborda la las competencias del siglo 21 desde la perspectiva de la educación. Este capítulo se enfoca en los principios y los elementos relacionados con el modelo de competencias desde el punto de vista educativo y las expectativas y problemas de su aplicación en ambientes de aprendizaje. En la primera parte se analiza la definición del término competencia y su relación con los atributos de la misma, posteriormente se analizan algunos marcos de acción sobre las competencias del siglo 21 y qué competencias se consideran las más importantes. Finalmente, se esboza el enfoque sobre aprendizaje basado en competencias en Estados Unidos y Europa y que aspectos deberían seguirse debatiendo e investigando para lograr una implementación de este enfoque de aprendizaje.

El segundo capítulo, presentado por el Dr. Meir, tiene el propósito de establecer pautas para una nueva concepción de liderazgo y se presentan los elementos afines a este tema en ambientes corporativos, incluyendo el educacional. Se plantean los diferentes desafíos que enfrentan los líderes actualmente y cómo prepararse para confrontar y capacitarse rápidamente ante los vertiginosos cambios de paradigmas. El foco principal de esta presentación es el Capital Humano, considerando su desarrollo y su enaltecimiento como el principio y la materia prima del liderazgo del futuro. Comunicación, sinergia e innovación son los temas centrales, los cuales serán acompañados de sus necesarios complementos como la creatividad, la inteligencia emocional, la inteligencia cultural, la inteligencia intergeneracional, la inteligencia social y el empoderamiento.

El tercer capítulo, con un claro corte investigativo y presentado por los doctores Prieto y Pech, se dedica a analizar las formas de medir la Competencia Digital e Informacional (CDI), haciendo énfasis en la evaluación de esta competencia en los docentes. Los objetivos fundamentales de este trabajo han sido tres: precisar el concepto general de CDI; especificar las dimensiones y los atributos que caracterizan la CDI en profesores a través del estudio de artículos, cuestionarios y otras formas de medición propuestas; y, finalmente servir de guía a profesores para la medición de la CDI y a las instituciones de formación de formadores sobre buenas prácticas a tener en cuenta en el diseño de planes y programas de estudio.

El cuarto capítulo, presentado por el Maestro en Ciencias Virgilio Forte, experto en Gestión del Conocimiento, combina los aspectos comunes de la mencionada disciplina con el *e-learning* partiendo de un análisis de las competencias para participar en estos procesos.

En el quinto capítulo, presentado por la Maestra en Ciencias María Espona, se presenta el análisis de los problemas de la calidad de la información basado en cuatro herramientas provenientes de distintas disciplinas: método sistémico, mapeo de la literatura, calidad de información e hipótesis competitivas. La articulación de las metodologías permite un análisis de las posibles hipótesis y su solución.

En el sexto capítulo, presentado por la Dra. Más y el Maestro en Ciencias Eduardo Orozco, se enumeran y explican las competencias necesarias al profesional de inteligencia competitiva. Para ello, se aborda el concepto de inteligencia competitiva y sus diferentes enfoques, así como su papel en la organización, que se evidencia con algunos ejemplos. Se aborda el lugar de la ética en el ejercicio profesional de la inteligencia competitiva y cómo se manifiesta en la práctica de la consultoría en este campo. Para finalizar, se examinan las opciones de formación profesional en inteligencia competitiva y sus diferentes enfoques.

En el séptimo capítulo, que nos presenta el Dr. Edel, se abordan desde una perspectiva analítico-reflexiva las instituciones de educación superior (IES) y los cuestionamientos sobre ¿de qué manera el currículo aprovecha las potencialidades de las tecnologías de la información y comunicación (TIC) y el *internet* para el desarrollo de competencias de los universitarios? Particularmente, las IES deberán reconocer el paradigma de la educación mediada por tecnología (EMT) asociado con los procesos cognitivos, la usabilidad pedagógica de las TIC y las competencias para la investigación, lo anterior con el propósito de establecer una fundamentación didáctico-pedagógica para el empleo de los recursos digitales y tecnológicos en el proceso de enseñanza-aprendizaje, así como para la formación de jóvenes investigadores.

En el capítulo final, presentado por las doctoras Ramírez, García y Urias, se aborda la importancia que tienen la lectura y escritura académica en los estudios superiores como potencial epistémico para formarse y desenvolverse adecuadamente dentro de una comunidad científica. Se inicia con la presentación de la problemática en esas áreas y que ha sido generalizada en diversas disciplinas y ha incidido en los estudios de lingüística aplicada. Posteriormente, se describe la alfabetización académica como la respuesta a dicha problemática que presentan los estudiantes de educación superior. Por último, se relaciona la alfabetización académica con las teorías de enseñanza de lengua, las distintas funciones que cumplen el lenguaje y las competencias que lo componen. Como conclusión se propone la necesidad y urgencia de desarrollar en los estudiantes de educación superior las competencias propias de la alfabetización académica acordes a los requerimientos de los diversos campos disciplinares y profesionales.

Como se puede apreciar a través de esta presentación, el libro aborda en los siete capítulos comentados temas de extraordinario interés y actualidad para el mundo académico en el ámbito de las competencias del siglo 21, lo que resulta un aporte al acervo existente sobre este problema del futuro. Esperamos que la consulta o lectura de esta obra aporte al lector nuevas ideas sobre cómo desarrollar, evaluar e implementar nuevas competencias en el ámbito educativo y laboral.

Dr. Javier F. García
Director Académico
Humboldt International University

LAS COMPETENCIAS DEL SIGLO 21: UN MODELO DE ACERCAMIENTO DESDE LA EDUCACIÓN

Javier F. García
Humboldt International University
jgarcia@hiuniversity.com

Resumen

El presente capítulo aborda la problemática de las competencias del siglo 21 desde la perspectiva de la educación. Este capítulo se enfoca en los principios y los elementos relacionados con el modelo de competencias desde el punto de vista educativo y las expectativas y problemas de su aplicación en ambientes de aprendizaje. En la primera parte se analiza la definición del término competencia y su relación con los atributos de la misma, posteriormente se analizan algunos marcos de acción sobre las competencias del siglos 21 y que competencias se consideran las más importantes. Finalmente, se esboza el enfoque sobre aprendizaje basado en competencias en Estados Unidos y Europa y que aspectos deberían seguirse debatiendo e investigando para lograr una implementación de este enfoque de aprendizaje.

Introducción

Preparar a los estudiantes para el trabajo, la ciudadanía y la vida en el siglo 21 es una meta de carácter global que compete a todas las sociedades y a todos los países. La globalización, las nuevas tecnologías, los flujos migratorios, la competencia internacional, los cambios del mercado, y los desafíos ambientales y políticos requieren la adquisición de habilidades y conocimientos que necesitan los estudiantes para sobrevivir y tener éxito en el siglo 21. Los gobiernos, agencias educativas, fundaciones, educadores en general se refieren a estas capacidades, habilidades, destrezas de pensamiento de orden superior y de comunicación en todos los ámbitos como competencias del siglo 21 (UNESCO, 2012)

¿Qué competencias críticas necesita la fuerza laboral del futuro? ¿Qué capacidades necesitan los jóvenes para hacer frente a los retos que se enfrentarán en el futuro? ¿Qué modelo de aprendizaje deben aplicar los educadores para lograr ciudadanos mejor formados en todos los ámbitos? El debate en torno a las competencias y habilidades que los estudiantes necesitan para hacer frente a los desafíos imprevistos del futuro ha dado lugar a un importante acervo académico. En la actualidad existe un claro consenso de que los nuevos enfoques de aprendizaje deben ajustarse a las características de los estudiantes de hoy en día, los nuevos estilos de enseñanza deben ser más inclusivos y abordar temas interdisciplinarios que consideren el vertiginoso avances del siglo 21 (Carneiro, 2007). Este postulado de alguna manera resulta contradictorio: primero porque la velocidad del desarrollo tecnológico es vertiginosa y frecuentemente y los pronósticos son fallidos en todos los ámbitos de la economía y la sociedad y segundo porque los docentes que deben llevar a cabo esta inmensa tarea son inmigrantes digitales y suelen no comprender las dimensiones en las cuales viven los estudiantes actuales y profesionales del futuro.

El desarrollo de las competencias del siglo 21 debe considerarse desde el mismo inicio de la vida de las persona en el seno familiar, ya que dentro de esta, en la actualidad, se generan espacios de aprendizaje vinculados al uso de las tecnologías y en este sentido nuestros hijos comienzan a desarrollar habilidades en el ámbito digital y de búsqueda de información, que si bien no se genera de manera espontanea aportan destrezas desconocidas para las generaciones anteriores a la generación Milenio[1]

En resumen el desarrollo competencias denominadas del siglo 21 es un tema el cual implica a toda la sociedad pasando por la familia, los gobiernos y las empresas, ya que está íntimamente ligado a la educación y las nuevas formas, ámbitos y entornos en que se proyecta hacia el futuro y para lo cual debemos estar preparados.

Definición del término competencia y su lugar en el ámbito educativo actual

¿Qué significa competencias para la educación? ¿Qué papel tendrán en el futuro? ¿Cuál es la relación entre las competencias profesionales y educativas?

---

1. Definidos como aquellos que llegaron al inicio de la vida adulta alrededor del año 2000, los pertenecientes a la generación del milenio son conocidos como un grupo de hiper-conectados y muy familiarizado con la tecnología que interactúa profusamente en medios y redes sociales

Existe un serio problema en la definición del concepto competencia ya que el termino se confunde frecuentemente con el termino destrezas y a veces se utilizan indistintamente y en ocasiones hasta con significados distintos, tanto en el mudo profesional como en el mundo académico.

Mulder (2007) atribuye a Hammurabi el concepto, que pasa por el griego *"ikanotis"* y llega a Occidente a través del latín *"compétere"* que significa competir (Quillet, 1976). En su origen la palabra competencia tenía relación con la lucha, donde se competía, donde se requería ser apto, idóneo, capaz, competente. Así el término pasa al mundo profesional cuando una persona es capacitada, eficiente, reparada para realizar una determinada labor, se indica que tiene la competencia para la tarea[2](Castrillón, Cabeza, Lombana, 2012).

Es difícil encontrar una definición precisa para el término competencia pero el concepto está muy bien expresado por Winterton et al. (2005) de la siguiente manera: "Una competencia es algo más que conocimientos o habilidades. Se trata de la capacidad para cumplir con tareas complejas, incluyendo habilidades y actitudes en un contexto particular." (OCDE, 2003, p. 4)

El glosario CEDEFOP de la Comisión Europea (CEDEFOP, 2014) expresa que una competencia es la capacidad de aplicar los resultados del aprendizaje en una forma adecuada en un contexto definido (educación, trabajo, desarrollo personal o profesional). La competencia(s) no se limita a expresar elementos cognitivos que implican el

---

2. Castrillón, Cabeza, Lombana. Determinación y análisis de las competencias por fortalecer para la gestión en ColombiaINNOVAR. Revista de Ciencias Administrativas y Sociales [en linea] 2012, 22 (Octubre-Diciembre) : [Fecha de consulta: 10 de mayo de 2016] Disponible n:<http://www.redalyc.org/articulo.oa?id=81827442012> ISSN 0121-5051

uso de la teoría, conceptos, o el conocimiento tácito; sino que también abarca aspectos funcionales que implican habilidades técnicas, así como atributos y habilidades interpersonales, como son capacidades de relaciones sociales u organizativas y valores éticos. Brown & Knight (1995), y Adam (2004) expresan que algunos educadores tienen una visión muy estrecha de que significa una competencia ya que la asocian sólo con los conocimientos adquiridos por la formación académica.

Por otra parte, la Agencia de Formación del Reino Unido (1989) define la competencia en el mundo profesional como la capacidad de realizar las actividades dentro de una profesión. Según esta institución la competencia es un concepto amplio que encarna la capacidad de transferir habilidades y conocimientos a nuevas situaciones dentro del área ocupacional. Abarca la organización y la planificación del trabajo, la innovación e incluye aquellas cualidades de eficacia personal que se requieren en el lugar de trabajo para hacer frente a los compañeros de trabajo, gerentes y clientes. (Agencia de Formación del Reino Unido, 1989)

A nuestro modo de ver, es el Dr. Sergio Tobon quien mejor expresa el rol de las competencias desde la perspectiva educativa. Tobon (2008) propone entender las competencias desde un sistema de pensamiento complejo como procesos de desempeño con idoneidad en determinados contextos, integrando diferentes saberes: saber ser, saber hacer, saber conocer y saber convivir, para realizar actividades y/o resolver problemas con sentido de reto, motivación, flexibilidad, creatividad, comprensión y emprendimiento, dentro de una perspectiva de procesamiento metacognitivo, mejoramiento continuo y compromiso ético, con la meta de contribuir al desarrollo personal, la construcción y afianzamiento del tejido social, la búsqueda continua del desarrollo económico-empresarial sostenible, y el cuidado y protección del ambiente y de las especies vivas.

Para Tobon (2005) **las competencias son un enfoque para la educación y no un modelo pedagógico**, pues no pretenden ser una representación ideal de todo el proceso educativo. Al contrario, las competencias son un enfoque porque sólo se focalizan en unos determinados aspectos conceptuales y metodológicos de la educación y la gestión del talento humano, como por ejemplo la integración de saberes en el desempeño, como el saber ser, el saber hacer, el saber conocer y el saber convivir; la construcción de los programas de formación acorde con la filosofía institucional y los requerimientos disciplinares, investigativos, laborales, profesionales, sociales y ambientales; la orientación de la educación por medio de criterios de calidad en todos sus procesos; el énfasis en la metacognición en la didáctica y la evaluación de las competencias; y el empleo de estrategias e instrumentos de evaluación de las competencias mediante la articulación de lo cualitativo con lo cuantitativo.

En este sentido, como bien expone Tobon (2005), el enfoque de competencias puede llevarse a cabo desde cualquiera de los modelos pedagógicos existentes, o también desde una integración de ellos. Es por ello que antes de implementar el enfoque de competencias en una determinada institución educativa, debe haber una construcción participativa del modelo pedagógico (de aprendizaje) dentro del marco del proyecto educativo institucional. Para ello es necesario considerar la filosofía institucional respecto a qué profesionales formar, como también las diversas contribuciones de la pedagogía, la modalidad de entrega, los referentes legales y la cultura organizacional. Esto se constituye en la base para llevar a cabo el diseño curricular e instruccional por competencias, y orientar los procesos didácticos y la evaluación del aprendizaje.

Resumiendo, las competencias desde la perspectiva educativa son un **conjunto de conocimientos, habilidades, actitudes y valores** que describen los resultados del aprendizaje de un programa educativo y apoyan diferentes modelos pedagógicos y de aprendizaje.

Marcos de acción de las competencias del siglo 21 en el ámbito educativo

La propuesta de diferentes marcos de competencias para el siglo 21 tiene su origen en la influencia que ejerce el acelerado desarrollo de las tecnologías de la información y la comunicación sobre los procesos relacionados con la educación y el aprendizaje.

La creación de ambientes mixtos de aprendizaje lo cual incluye la personalización en la atención, el aprendizaje colaborativo, la comunicación permanente y la creación de contenidos altamente motivadores son fundamentales para el desarrollo de las competencias y las habilidades de los estudiantes en el momento actual y en el futuro. Estos elementos son la clave de la visión general sobre el aprendizaje del siglo 21 (McLoughlin y Lee, 2008; Redecker y Punie, 2013).

En el análisis de las competencias para el siglo XXI se establecen un conjunto de competencias, estructuradas en niveles, bajo el nombre de "referenciales de competencias" (frameworks). Estos referenciales se elaboran en el marco de los grupos de formación o de un proyecto, esclareciendo los objetivos, evaluando el proceso, pero sobretodo, suscitando explicaciones y una confrontación de representaciones de unos y otros. En sentido estricto, los "referenciales de competencias" son instrumentos de control regulados por un poder organizador (Estado, escuela,..), que ayudan a formular y estabilizar una visión más clara del «oficio» y de las competencias. No son instrumentos reservados para expertos, sino medios para que los profesionales construyan una identidad colectiva (Perrenoud, 2004).

Durante las dos últimas décadas, numerosas organizaciones y comisiones internacionales, gobiernos, consorcios e instituciones privadas han propuesto diversos marcos de acción para abordar los desafíos del siglo 21 en lo que se refiere a las competencias y la educación de las personas, entre ellos se encuentran:

- Assessment and Teaching of 21st Century Skills
- DeSeCo/OCDE
- National educational technology standards for students NETS•S/ISTE
- Partnership for 21st Century Skills (P21)

A continuación comentaremos de manera general los aspectos que se tratan en estos marcos y las competencias que se consideran relacionadas con el proceso educativo en los mismos.

Assessment and Teaching of 21st Century Skills (ATC21S)

La iniciativa internacional "Evaluación y enseñanza de las destrezas del siglo XXI" (ATC21S), por sus siglas en inglés, es un proyecto de investigación impulsado por Intel, Microsoft y Cisco, que propone nuevas maneras de evaluar y enseñar las destrezas o competencias del siglo XXI. Bajo la conducción de un equipo de investigadores de la Universidad de Melbourne, Australia, se están proponen las competencias que necesitan los jóvenes para enfrentar de manera exitosa los retos del siglo XXI, y cómo evaluarlas mediante pruebas basadas en las tecnologías digitales. Su finalidad es motivar a las instituciones y a los sistemas educativos a incorporar estas destrezas en sus programas de enseñanza y aprendizaje. En estos momentos, seis países están participando de manera activa en el proyecto: Australia, Estados Unidos, Finlandia, Singapur, Costa Rica y Holanda.

La iniciativa considera diez competencias identificadas en cuatro grupos de la siguiente manera:

Maneras de pensar
- Creatividad e innovación: capacidad para generar ideas originales que tengan valor en la actualidad, interpretar de distintas formas las situaciones y visualizar una variedad de respuestas ante un problema o circunstancia.
- Pensamiento crítico: capacidad de interpretar, analizar, evaluar, hacer inferencias, explicar y clarificar significados.
- Resolución de problemas: capacidad de plantear y analizar problemas para generar alternativas de solución eficaz y viable.

- Aprender a aprender: capacidad de conocer, organizar y auto-regular el propio proceso de aprendizaje.

Herramientas para trabajar
- Apropiación de las tecnologías digitales: capacidad para explorar, crear, comunicarse y producir utilizando las tecnologías como herramientas.
- Manejo de la información: capacidad para acceder a la información de forma eficiente, evaluarla de manera crítica y utilizarla de forma creativa y precisa.

Maneras de trabajar
- Comunicación: capacidad que abarca el conocimiento de la lengua y la habilidad para utilizarla en una amplia variedad de situaciones y mediante diversos medios.
- Colaboración: capacidad de trabajar de forma efectiva con otras personas para alcanzar un objetivo común, articulando los esfuerzos propios con los de los demás.

Maneras de vivir en el mundo
- Vida y carrera: abarca, por ejemplo, capacidades de planeamiento y fijación de metas; capacidades para persistir y sortear obstáculos en el camino, como la resiliencia, la tolerancia a la frustración, el esfuerzo y el diálogo interno positivo.
- Responsabilidad personal y social: capacidad de tomar decisiones y actuar considerando aquello

que favorece el bienestar propio, de otros y del planeta, comprendiendo la profunda conexión que existe entre todos ellos.

- Ciudadanía local y global: capacidad de asumir un rol activo, reflexivo y constructivo en la comunidad local, nacional y global, comprometiéndose con el cumplimiento de los derechos humanos y de los valores éticos universales.

Los principios de enseñanza y aprendizaje que considera este marco de acción requieren de repensar los procesos de aprendizaje: las relaciones entre estudiantes y docentes, las prácticas de enseñanza y la forma en que se evalúa. Orientar el aprendizaje hacia un nuevo modelo basado en la idea de que aprender consiste en construir nuevo conocimiento basado en el aprendizaje colaborativo y el diálogo con otras personas.

Los siguientes seis principios de aprendizaje sintetizan algunos de los elementos claves que caracterizan el modelo de enseñanza y aprendizaje de las competencias del siglo XXI. Poner en práctica estos principios permitirá a los estudiantes apropiarse de los contenidos curriculares, al tiempo que se convierten en personas proactivas, responsables de su propio aprendizaje, menos enfocadas en adquirir y almacenar conocimientos para obtener cierta calificación, y más en crear, en conexión con otros, conocimiento de valor para sí mismos y sus comunidades.

- Aprendizaje colaborativo
- Autoaprendizaje
- Aprender haciendo

- Aprender de acuerdo a los intereses propios
- Aprender haciendo uso de la tecnología
- Nuevo rol de los docentes y estudiantes

DeSeCo/OECD

En 1997, la Organización para la Cooperación y el Desarrollo Económico (OCDE) estableció un programa titulado Definición y Selección de Competencias: Fundamentos Teóricos y Conceptuales (DeSeCo) con el objetivo de lograr un consenso internacional sobre un conjunto de competencias esenciales para el siglo 21. El proyecto fue dirigido por Suiza como país y participaron expertos multidisciplinares de otros. El informe final fue presentado por Rychen y Salganik (2003). El marco conceptual del Proyecto DeSeCo para competencias claves clasifica dichas competencias en tres amplias categorías. Primero, los individuos deben poder usar un amplio rango de herramientas para interactuar efectivamente con el ambiente: tanto físico como con las tecnologías de la información y socio culturales como en el uso del lenguaje. Necesitan comprender dichas herramientas ampliamente, cómo para adaptarlas a sus propios fines y usarlas de manera interactiva. Segundo, en un mundo cada vez más interdependiente, los individuos necesitan poder comunicarse con otros, y debido a que encontrarán personas de diversos orígenes, es importante que puedan interactuar en grupos heterogéneos y multiculturales. Tercero, los individuos necesitan poder tomar la responsabilidad de manejar sus propias vidas, situar sus vidas en un contexto social más amplio y actuar de manera autónoma.

Las competencias clave identificadas por el proyecto DeSe-Co / OCDE

I Usar herramientas de forma interactiva

- Uso, símbolos y texto de forma interactiva
- Uso del conocimiento y la información interactiva
- El uso de tecnología de forma interactiva

II. Interactuar con grupos heterogéneos

- Relacionarse bien con los demás
- Cooperar
- Gestionar y resolver conflictos

III. Actuar de forma autónoma

- Entender y considerar el contexto más amplio para tomar decisiones y acciones.
- Elaborar planes de vida y proyectos personales
- Afirmar derechos, intereses, límites y necesidades.

Estándares Nacionales (EEUU) de tecnologías de información y comunicación (TIC) para estudiantes (2007) (National educational technology standards for students NETS•S/ISTE)

Este marco conceptual incluye seis Indicadores de Desempeño que son las instrucciones para el aprendizaje en la sociedad de la información.

Tabla 1
Estándares de tecnología educativa para los estudiantes 2007

INDICADORES DESEMPEÑO	DESCRIPCIÓN
Creatividad e Innovación	Los estudiantes demuestran pensamiento creativo, construyen conocimiento, y desarrollan productos y procesos innovadores utilizando la tecnología
Comunicación y Colaboración	Los estudiantes utilizan medios y entornos digitales para comunicarse y trabajar en colaboración, incluyendo a distancia, para apoyar el aprendizaje individual y contribuir al aprendizaje de otros.
Investigación y fluidez Informacional	Los estudiantes aplican herramientas digitales para reunir, evaluar y utilizar la información.
Pensamiento crítico, solución de problemas y toma de decisiones	Los estudiantes usan habilidades de pensamiento crítico para planificar y llevar a cabo la investigación, la gestión de proyectos, resolver problemas y tomar decisiones informadas usando herramientas y recursos digitales apropiados.
Ciudadanía Digital	Los estudiantes comprenden los problemas humanos, culturales y sociales relacionados con la tecnología y la práctica de la conducta legal y ética
Operación y conceptos Tecnológicos	Los estudiantes demuestran una sólida comprensión de los conceptos de tecnología y sistemas relacionados con la información.

Fuente: National educational technology standards for students NETS•S/ISTE 2007

Este marco ofrece además una visión sobre las condiciones que se requieren para aplicar las tecnologías de información y comunicación al aprendizaje:

Visión Compartida
Liderazgo activo en el desarrollo de una visión compartida sobre la educación con TIC entre el personal de la

Institución Educativa, los estudiantes, los padres de familia y la comunidad.

Planeación de la Implementación
Un plan sistémico alineado con una visión compartida para asegurar la efectividad de la escuela y el aprendizaje de los estudiantes mediante la infusión de las TIC y de recursos digitales para el aprendizaje.

Financiación Consistente y Adecuada
Financiación permanente para apoyar la infraestructura de TIC, el personal, los recursos digitales y el desarrollo del cuerpo docente.

Acceso Equitativo
Acceso robusto y confiable a las TICs y a los recursos digitales tanto actuales como emergentes, con conectividad para todos los estudiantes, docentes, personal de apoyo y líderes escolares.

Personal Calificado
Educadores y personal de apoyo adecuadamente capacitados en el uso de las TIC para el desempeño de sus responsabilidades laborales.

Aprendizaje Profesional Permanente
Planes de aprendizaje/capacitación profesional relacionados con las TIC y oportunidades para dedicar tiempo a la práctica y a compartir ideas.

Soporte Técnico

Apoyo constante y confiable para el mantenimiento, la renovación y la utilización de las TIC y de los recursos digitales.

Estructura Curricular Adecuada

Estándares instruccionales de contenido y recursos digitales relacionados con el currículo académico.

Aprendizaje Centrado en el Estudiante.

Uso de las TIC para facilitar enfoques que promuevan el compromiso con el aprendizaje.

Evaluación y Valoración.

Valoración permanente, tanto del aprendizaje como para el aprendizaje y evaluación del uso de las TIC y de los recursos digitales.

Comunidades Comprometidas de Aprendizaje.

Alianzas y colaboración dentro de la comunidad para apoyar y financiar el uso de las TIC y de los recursos digitales.

Políticas de Apoyo.

Políticas, planes de financiación, procedimientos de rendición de cuentas y estructuras de incentivos para apoyar el uso de las TIC en el aprendizaje y en las operaciones del sector educativo y de la escuela.

Contexto Externo de Apoyo.

Políticas e iniciativas a nivel nacional, regional y local, para apoyar a las Instituciones Educativas en la implementación efectiva de las TIC para cumplir los estándares curriculares y de TIC.

Partnership for 21st Century Skills (P21)

Esta organización estadounidense fue fundada en 2002 (http://www.p21.org), y está integrada por los líderes de negocios, consultores y educadores, y han propuesto un marco particular que cuenta con tres elementos:

a) El aprendizaje y la capacidad de innovación

- Creatividad e innovación,
- Pensamiento crítico y solución de problemas,
- Comunicación y la colaboración;

b) Información, medios de comunicación y las habilidades tecnológicas

- Alfabetización informacional,
- Alfabetización mediática,
- Alfabetización Digital

c) La vida y habilidades de carrera

- Flexibilidad y adaptabilidad,
- Iniciativa y autonomía,
- Sociales y habilidades interculturales, l
- Productividad y responsabilidad,
- Liderazgo y responsabilidad.

Además, este marco incluye dos temas generales: materias básicas y temas del siglo 21: inglés, lectura o artes del lenguaje, otros idiomas, artes, matemáticas, economía, ciencias, geografía, historia, gobierno y educación cívica; y temas interdisciplinarios del siglo 21: conciencia global, alfabetización cívica, enseñanza sobre la salud, alfabetización ambiental, financiera, económica, empresarial y alfabetización empresarial.

La propuesta se ha desarrollado desde 2007 y tenía muchas mejoras sucesivas hasta su último esquema donde se presenta un sistema de apoyo que incluye normas, evaluación, planes de estudios, instrucción para el aprendizaje, el desarrollo profesional y entornos de aprendizaje, que proporciona una mejor consistencia a todo el marco desarrollado.

Análisis e Integración

Salas Pilco (2003) de la Universidad de Hong Kong realiza un análisis integrador tomando los marcos de acción señalados y otros como son: el reporte Delor a la UNESCO, Competencias Claves de la Unión Europea (2007), el del OCDE 2009 desarrollado por Ananiadou y Claro, el desarrollado por Trilling y Fadel, (2009) el de Hewlett Packard (2010) y el del gobierno de Singapur, 2010 y nos presenta las siguientes conclusiones:

- La competencia más mencionada fue la **comunicación y la colaboración**, seguida de cerca por la de **ciudadanía y la responsabilidad social**, así como el **manejo de la información y las habilidades de investigación**; a continuación, la

alfabetización digital. Estas cuatro competencias componen el grupo de las competencias que se consideran en todos los marcos.

- Un segundo grupo estaba formado por la **creatividad y la innovación**, así como el **pensamiento crítico y toma de decisiones**; además de la **sensibilidad socio-culturales y conciencia**, y, finalmente, **la autonomía y el liderazgo**. Estas capacidades se incluyen con frecuencia en los esquemas analizados.

- Por último, un tercer grupo incluye **aprender a aprender y la metacognición**, además de la **productividad, el espíritu empresarial, la vida y la carrera**, y por último pero no menos importante de **matemáticas y ciencias**. De hecho, una baja frecuencia de aparición no significa una competencia en particular no es importante, sino más bien que se reflejó menos explícitamente.

Los modelos educativos basados en competencias

En el verano de 2014, la Cámara de Representantes de los Estados Unidos aprobó por unanimidad pasado un proyecto piloto de ley bipartidista (HR 3136) que apoya el desarrollo de programas de educación basados en competencias (CBE). El proyecto de ley define la CBE como un *"proceso educativo o programa que evalúa o mide el conocimiento, las habilidades y la experiencia en lugar y/o en adición a las horas créditos"*[3].

---

3. H.R. 3136 (113th): Advancing Competency-Based Education Demonstration Project Act of 2014 https://www.govtrack.us/congress/bills/113/hr3136

La educación superior basada en la competencia no es una idea nueva. Ya en la década de 1940, a raíz de la G.I. Bill, del Consejo Americano de Educación comenzó a elaborar recomendaciones para otorgar créditos al entrenamiento militar basado en competencias. En la década de 1970, instituciones públicas como Empire State College de New York y Thomas Edison State College de New Jersey crearon programas de grado para el retorno de estudiantes adultos que dependían en gran medida de su formación previa y su experiencia. El Colegio Alverno introdujo un plan de estudios basado en la capacidad del "Aprendizaje basado en competencias." En la década de los 1990, la Universidad Western Governors comenzó a ofrecer programas de grado que combinaban la tutoría con el estudio autogestivo y pruebas de auto evaluación. Sin embargo, todos estos programas se mantuvieron en gran parte como experimentos marginales durante décadas (New America Foundation, 2013).

La Educación Basada en Competencias ofrece la posibilidad de acelerar el camino hacia un título universitario para que un significativo número de estudiantes por lo regular adultos que trabajan y tienen responsabilidades tanto laborales como familiares pueden aplicar sus conocimientos y experiencias y obtener créditos por lo que ya saben en lugar de la obtención de créditos por horas de clases (Kelchen, 2015).

Entre las principales características del CBE están que competencias son claras y conectan las carreras; el aprendizaje y el progreso académico y permiten el auto-ritmo se basa en el domino logrado por los estudiantes y no necesariamente en el tiempo de asistencia a clases. Los programas son personalizados para satisfacer las necesidades individuales y la evaluación del aprendizaje es directa y promueve el aprender haciendo y el aprendizaje basado en evidencias. (JFF, 2016)[4].

La mayoría de los programas de CBE en la actualidad están en la modalidad en línea. La tecnología puede traer muchos beneficios, incluyendo la flexibilidad, el potencial de aceleración en la obtención de resultados, y la personalización del aprendizaje. Sin embargo, los modelos de CBE para los estudiantes con una débil formación no deben ser exclusivamente en línea. Como sugieren las investigaciones realizadas son pocos los estudiantes que pueden tener éxito en entornos 100% en línea, por lo que el diseño instruccional debe considerar sesiones sincrónicas, Webconference, tutorías por internet en tiempo real y lograr la mayor interacción posible entre todos los actores de proceso de aprendizaje promoviendo la comunicación y colaboración permanente.

La evaluación de CBE difiere de la evaluación tradicional, los exámenes habituales en este enfoque pueden ser sustituidos por una evaluación a través de variados instrumentos y métodos vinculados a las competencias del curso. Múltiples opciones, tanto formales como informales, son importantes para demostrar el dominio en cada nivel de competencia considerando las habilidades a desarrollar en contextos profesionales reales lo cual debe estar acompañado por la permanente retroalimentación del instructor.

Actualmente, en los Estados Unidos 34 universidades han recibido la autorización por la denominada Ley HR 3136 y cuentan con programas de CBE, y al menos 18

---

4. http://www.jff.org/sites/default/files/publications/materials/Postsecondary-CBE-020316.pdf

universidades más trabajan en programas de desarrollo. Muchas de estas universidades combinan estos programas CBE con la educación en ambientes virtuales o en línea por lo cual estudiantes de cualquier parte del mundo puede inscribirse en los mismos.

Información sobre el rendimiento de las universidades que basan principalmente sus programas en evaluación por competencias muestran que los estudiantes que se inscriben en estas instituciones tienden a ser mejores que los estudiantes universitarios tradicionales.

El Concilio de Colegios Independientes (2015) de Estados Unidos plantea como puntos bases del CBE los siguientes:

- La Educación Basada en Competencias (CBE) es un enfoque pedagógico que hace hincapié en el dominio de las habilidades y conceptos en lugar de horas de crédito o tiempo de clase. La evaluación del aprendizaje puede tomar diversas formas, incluyendo las evaluaciones basadas en la experiencia de antes clases y evaluaciones automatizadas de cursos en línea.
- Los defensores de este enfoque sostienen que la CBE puede reducir el tiempo y el costo de obtener un título universitario, mientras que proporciona a los estudiantes aptitudes específicas que son valoradas positivamente por los patrocinadores, empleadores y los propios estudiantes en su vida laboral.

- Las universidades "for-profit" han sido más reacios a explorar las CBE que las instituciones públicas
- La CBE puede ayudar a resolver dos preocupaciones importantes sobre el futuro de la educación superior privada 1) el mantenimiento de altos estándares de calidad para el aprendizaje del estudiante y que incluye los costos de los estudiantes. 2) el cambio de los planes de estudio de horas de crédito a interacciones sostenidas estudiante-maestro.

Proyecto Tuning

"Tuning Educational Structures in Europe", conocido también como "Afinar las estructuras educativas en Europa", es un proyecto dirigido desde la esfera universitaria que tiene por objeto ofrecer un planteamiento concreto que posibilite la aplicación del proceso de Bolonia en el ámbito de las disciplinas o áreas de estudio y en el de las instituciones de educación superior (UniDusto, 2006).

El modelo educativo Bolonia (1999) por su parte es marco común para la modernización y la reforma de la educación superior europea. Este proceso pasó a denominarse Proceso de Bolonia. La Declaración de Bolonia propuso lo siguiente: 1) Adoptar un sistema de titulaciones fácilmente comprensible y comparable; 2) implantar un sistema basado en dos ciclos principales; 3) Establecer un sistema de créditos que haga comparable los sistemas nacionales para que facilite la movilidad de estudiantes; 4) Apoyar la movilidad de estudiantes, docentes, investigadores y personal administrativo; 5) Promover la cooperación europea en el ámbito de la garantía de calidad; 6) Fomentar la dimensión europea en la educación superior (desarrollo curricular y cooperación entre instituciones).

El enfoque Tuning consiste en una metodología con la que volver a diseñar, desarrollar, aplicar y evaluar los programas de estudio de cada uno de los ciclos de Bolonia. Su validez puede considerarse mundial por cuanto ha sido probado con fructíferos resultados.

Tuning sirve de plataforma para desarrollar puntos de referencia en el contexto de las disciplinas que son importantes a la hora de elaborar programas de estudio comparables, compatibles y transparentes. Los puntos de referencia se expresan en términos de resultados del aprendizaje y competencias. Los resultados del aprendizaje son manifestaciones de lo que se espera que un estudiante sepa, entienda y sea capaz de demostrar una vez concluido el aprendizaje.

Según Tuning, los resultados del aprendizaje se expresan en niveles de competencias que debe conseguir el estudiante. Las competencias representan una combinación dinámica de las capacidades cognitivas y metacognitivas, de conocimiento y entendimiento, interpersonales, intelectuales y prácticas, así como de los valores éticos. Fomentar dichas competencias es el propósito de todos los programas educativos construidos sobre el patrimonio del conocimiento y el entendimiento desarrollado a lo largo de muchos siglos. Las competencias se desarrollan en todas las unidades de curso y se valoran en diferentes fases de un programa. Pueden estar divididas en competencias relacionadas con disciplinas (específicas de un campo de estudio) y competencias genéricas (comunes a cualquier curso de titulación). Normalmente, el desarrollo de las competencias se produce de forma integrada y cíclica a lo largo de un programa.

Cuestiones en discusión sobre la Educación Basada en Competencias

Es posible que en este breve análisis no hayamos logrado abracar todo lo que este tema requiere no obstante las siguientes preguntas pudieran servir de base a análisis posteriores:

- ¿Qué se considera una "competencia" y cómo la miden las instituciones educativas?
- ¿El modelo CBE es apropiado solo para algún perfil de estudiante? ¿Cuál es el perfil de dicho estudiante?
- ¿Cómo deberían las instituciones calcular los costos del modelo CBE?
- ¿Cómo puede el modelo CBE combinarse con el modelo centrado en el estudiante y otras teorías actuales del aprendizaje?
- ¿Cómo pueden homologarse los créditos obtenidos por CBE con instituciones que otorgan créditos horas?
- ¿Cómo comparar la educación por competencias con otros modelos de aprendizaje que se desarrollan en la actualidad como los MOOCs o estudio de casos?

Conclusiones

1.- Existen suficiente información para la conceptualización adecuada de competencias y sus atributos, así como para su implementación en la educación aunque se confunde frecuentemente en la bibliografía con los términos destreza y evidencia de aprendizaje

2.- Los marcos de acción sobre las competencias están definidos con bastante claridad aunque se deben hacer mayores esfuerzos por parte de los gobiernos en continuar implementando políticas públicas que mejoren el desarrollo y aplicación en la vida cotidiana de las competencias necesarias para el siglo 21.

3.- El enfoque educativo basado en competencias aun no es aceptado totalmente por toda la comunidad académica y las instituciones educativas, por lo que requiere de mayor divulgación y mejor preparación de los líderes, maestros de escuelas y profesores universitarios. La razón de la poca implementación es más de orden subjetiva y esto retrasa la tan necesaria trasformación de los sistemas educativos a nivel mundial.

4.- Existen cuestiones sobre la Educación Basada en Competencias, fundamentalmente de orden administrativo, que aún están en discusión y que se deben resolver cuanto antes.

5.- La educación mediada por tecnologías y en ambientes de aprendizaje virtuales es un factor que permite la aceleración de la aplicación de la educación basada en competencias.

6.- Se requiere de un mayor número de investigaciones sobre la Educación Basada en Competencias de manera que se demuestre su utilidad e impacto para todos los sectores de la sociedad y la economía.

Referencias

Advancing Competency-Based Education Demonstration Project Act of 2014, HR 3136, 113th Cong. (July 23, 2014), www.congress.gov/bill/113th-congress/house-bill/3136.

Alverno College, "Unfolding Understandings: A History of the Alverno Learning Process," March 30, 2012, http:// depts.alverno.edu/archives/alphistory/.

Ananiadou, K., & Claro, M. (2009). 21st Century Skills and Competences for New Millennium Learners in OECD Countries (OECD Education Working Papers No. 41). Retrieved from http://www.oecd-ilibrary.org/education/21st-century-skills-and-competences-for-new-millennium-learners-in-oecd-countries_218525261154

Berna, D., & German, D. (2015). Sociedad de la Información? Crisis en la educación? Cambios a través de las TIC. Retrieved from: http://reposital.cuaed.unam.mx:8080/jspui/handle/123456789/3677

Binkley, M., Erstad, O., Herman, J., Raizen, S., Ripley, M., & Rumble, M. (2010). Draft white paper 1: Defining 21st century skills. Retrieved from. Retrieved from http:// www.ericlondaits.com.ar/oei_ibertic/sites/default/files/biblioteca/24_defining-21st-century-skills.pdf

Bushway, Deb, and Deborah Everhardt. "Investing in Quality Competency-Based Education (EDUCAUSE Review) | EDUCAUSE.edu." Investing in Quality Competency-Based Education (EDUCAUSE Review) | EDUCAUSE.edu. EDUCAUSE, 8 Dec. 2014. Web. 12 Aug. 2015.

http://www.educause.edu/ero/article/investing-quali-ty-competency-based-education

Cedefop (2015). Annual report 2014. http://www.cedefop.euro-pa.eu/en/publications-and-resources/publications/4136 Luxembourg: Publications Office of the European Union. Cedefop information series.

Dede, C. (2010). Technological supports for acquiring 21st century skills. International Encyclopedia of Education, 158–166.

Delors, J., Al Mufti, I., Amagi, I., Carneiro, R., Chiung, F., Ge-remek, B., Gorham, W., Kornhauser, A., Manley, M., Pa-drón Quero, M., Savané, M-A., Singh, K., Stavenhagen, R., Won Suhr, M. and Nanzhao, Z. 1996. Learning: The Treasure Within: Report to UNESCO of the International Commission on Education for the Twenty-First Century. Paris, UNESCO Publishing. http://plato.acadiau.ca/ Courses/pols/conley/ QUEBEC98/DELORS~1/delorse. pdf (Accessed 18 February 2014).

Dovala, J. M. C. (2005). Metodología de la enseñanza basada en competencias. Universidad Autónoma Del Noreste, Mé-xico. México. Retrieved from http://rieoei.org/deloslec-tores/709Cepeda.PDF

Friedman, A., Bolick, C., Berson, M., & Porfeli, E. (2009). National educational technology standards and technology beliefs and practices of social studies faculty: Results from a seven-year longitudinal study. *Contemporary Issues in Technology and Teacher Education*, *9*(4). Retrieved from: http://www.citejournal.org/vol9/iss4/curren-tpractice/article1.cfm

Griffin, P., McGaw, B., & Care, E. (2012). Assessment and teaching of 21st century skills. Springer. Retrieved from http://link.springer.com/content/pdf/10.1007/978-94-017-9395-7.pdf

Hernández Mondragón, A. R., & Rodríguez Cortés, K. (2008). La Organización para la Cooperación y el Desarrollo Económico, OCDE, y la definición de compentencias en Educación Superior. El caso México. Educere, 12(043). Retrieved from http://www.saber.ula.ve/handle/123456789/26698

Jara, I., & Claro, M. (2012). La Política de TIC para escuelas en Chile (red enlaces): Evaluación de habilidades digitales. Campus Virtuales, 79.a la Formación Profesional, P. A., & others. (2011). Guía para la construcción de módulos formativos. Serie de manuales metodológicos.

Lombana, Jahir, Castrillón, Jaime, Cabeza, Leonor, Competencias más importantes para la disciplina administrativa en Colombia Contaduría y Administración [en línea] 2015, 60 : [Fecha de consulta: 15 de mayo de 2016] Disponible en:<http://www.redalyc.org/articulo.oa?id=39541189006> ISSN 0186-1042

Kelchen, Robert. "The Landscape of Competency-Based Education: Enrollments, Demographics, and Affordability." Jan. 2015. Web. Aug. 2015. https://www.aei.org/wp-content/uploads/2015/04/Competency-based-education-landscape-Kelchen-2015.pdf.

McLoughlin, C. and Lee, M.J.W. 2007. Social software and participatory learning: pedagogical choices with technology affordances in the Web 2.0 era. ICT: Providing Choices for Learners and Learning: Proceedings Ascilite Singapore 2007, pp. 664-675. www.ascilite.org.au/conferences/singapore07/procs/mcloughlin.pdf

Mejía de Cipriani, P. S. (2015). El plan curricular y el desempeño académico por competencias de los estudiantes de los últimos ciclos de la Escuela Profesional de Contabilidad y Finanzas–USMP–año 2014. Retrieved from http://www.repositorioacademico.usmp.edu.pe/handle/usmp/1454

Mulder, M., T. Weigel & K. Collins (2006). The concept of competence concept in the development of vocational education and training in selected EU member states. A critical analysis. Journal of Vocational Education and Training, 59,1, 65-85.

National educational technology standards for students NETS•S/ISTE (2007)

New America Foundation (2013) Prior learning and competency-based education https://www.newamerica.org/postsecondary-national-policy-institute/prior-learning-and-competency-based-education/

Proyecto Tuning. "Tuning Educational Structures in Europe" Retrieved from http://www.unideusto.org/tuningeu/images/stories/documents/General_Brochure_Spanish_version.pdf

Redecker, C., Ala-Mutka, K., Bacigalupo, M., Ferrari, A. and Punie, Y. 2009. Learning 2.0 – The Impact of Web 2.0 Innovations on Education and Training in Europe: Final Report. Luxembourg, Office for Official Publications of the European Communities. http://ftp.jrc.es/EURdoc/JRC55629. pdf.

Retana, J. Á. G. (2011). Modelo Educativo basado en competencias: Importancia y necesidad. Revista Electrónica"Actualidades Investigativas En Educación," 11(3), 1–24.

Salas-Pilco, S. Z. (2013). Evolution of the framework for 21st century competencies. Knowledge Management &

E-Learning: An International Journal (KM&EL), 5(1), 10–24.

Schneckenberg, D., & Wildt, J. (2006). Understanding the concept of competence for academic staff. The Challenge of Ecompetence in Academic Staff Development, 29–35.

Smith, J. P., Majmundar, M., & others. (2012). Aging in Asia:: Findings from New and Emerging Data Initiatives. National Academies Press.

Soares, Louis. "A 'Disruptive' Look at Competency-Based Education." Americanprogress.org. Center for American Progress, June 2012. Web. 12 Aug. 2015. https://www.americanprogress.org/issues/higher-education/report/2012/06/07/11680/a-disruptivelook-at-competency-based-education/

Trujillo, A. R. P. (n.d.). COMPETENCIAS TECNOLÓGICAS DE DOCENTES DE MATEMÁTICAS. Retrieved from http://www.congresoeducacion.unach.mx/sistema_congeducacion/ponencias/AlmaRosaPerezTrujilllo.eje3.docx

Voorhees, R. A. (2001). Competency-Based learning models: A necessary future. New Directions for Institutional Research, 2001(110), 5–13.

COMUNICACIÓN, SINERGIA E INNOVACIÓN EN LIDERAZGO EDUCACIONAL

Michael Meir
Empowerment Experts Group, LLC.
michael@empowermentexpertsgroup.com

Resumen

Con el propósito de establecer pautas para una nueva concepción de liderazgo, se presentan en éste trabajo los elementos que están en vigencia y en constante evolución en los ambientes corporativos incluyendo el educacional para su inmersión en el diario quehacer y que puedan adaptarse al sistema social y laboral. Se plantean los diferentes desafíos que enfrentan los líderes actualmente y como prepararse para confrontar y capacitarse rápidamente ante los vertiginosos cambios de paradigmas. El foco principal de esta presentación es el Capital Humano considerando su desarrollo y su enaltecimiento como el principio y la materia prima del liderazgo del futuro. Comunicación, sinergia e innovación son los temas centrales los cuales serán acompañados de sus necesarios complementos como la innovación, creatividad, inteligencia emocional, inteligencia cultural, inteligencia intergeneracional, inteligencia social y empoderamiento.

"Si la educación es costosa, pruebe con la ignorancia"

Si adaptamos esta famosa frase a la realidad empresaria y liderazgo del futuro, y hablamos del hoy que en definitiva es lo que determina el futuro, nos encontraremos con un gran desafío.

Las organizaciones están reconociendo nuevas necesidades y re-enfocando su objetivo. Se están centrando en la cultura y en el compromiso de los empleados, o sea de su "Capital Humano"

Los departamentos de Recursos Humanos en compañías ya no se ocupan solamente de lo tradicional, incluso muchas compañías crean nuevos departamentos para enfrentar estos nuevos desafíos.

Quizás nos encontremos en una época transformacional como lo fue el comienzo de la era industrial o de los paradigmas que modificaron la salud en todo el mundo con la aparición del primer antibiótico (Penicilina). Estos han sido hechos en tiempos estables y de cambio predecible y calculable. Observando el abrupto y constante avance en todas las áreas de nuestra sociedad, podemos concluir que lo único predecible es lo impredecible.

Actualmente la creatividad e innovación nos enfrentan diariamente con productos o soluciones, lo que nos plantea si estamos preparados para cambios tan vertiginosos como los actuales. O sea que al no estar en una época predecible o calculable no se trata sólo de aprender sino de saber cómo cambiar para aprender las cosas de otra forma.

Si lo más común es lo impredecible, la sociedad no debe centrarse en los fenómenos que ocurren pero sí dedicarse a los seres humanos que son los que deben manejar ese cambio y para los cuales ese cambio se produjo. Por esta razón, crear un "líder" o dedicarse al desarrollo del Capital Humano es el elemento crucial para estar preparados para un futuro que es de cambio y crecimiento exponencial a todo nivel.

El capital humano es directamente proporcional y dependiente de forma sensible a la calidad educativa y entrenamiento que recibe una población determinada.

La educación o entrenamiento tiene efectos no solamente cognitivos, influye en la actitud, comportamiento y compromiso de los trabajadores.

El capital humano como simple concepto se refiere a la productividad de los trabajadores en función de su formación y experiencia de trabajo. El mismo busca dar cuenta de distintas ventajas en términos de generación de valor considerando, el impacto del aporte humano que se refleja en determinada actividad o en un mercado determinado.

Según Wikipedia: *El **capital humano** es un término usado en ciertas teorías económicas del crecimiento para designar a un hipotético factor de producción dependiente no sólo de la cantidad, sino también de la calidad, del grado de formación y de la productividad de las personas involucradas en un proceso productivo.*

A partir de ese uso inicialmente técnico, se ha extendido para designar el conjunto de recursos humanos que posee una empresa o institución económica. Igualmente se habla de modo informal de "mejora en el capital humano" cuando aumenta el grado de destreza, experiencia o formación de las personas de dicha institución económica.

En las instituciones educativas se designa al "conjunto de conocimientos, habilidades, destrezas y talentos que posee una persona y la hacen apta para desarrollar actividades específicas".

Esta teoría se sustenta en una doble interpretación y fundamentación. La primera de carácter economicista: la productividad del trabajador está en función de la educación recibida. La mayor especialización (vía sistema educativo formal), vía trabajo (no formal) aumenta la productividad y se ve compensada por los salarios más altos. La segunda de carácter asignacionista: la educación tiene fundamentalmente funciones de «asignación».

Dado lo expuesto, el capital humano es **dependiente de forma sensible a la calidad educativa que recibe una población determinada.** En efecto, en esa formación es que se desarrollan competencias capaces de influir en la productividad de un agente económico o en la producción de una economía en general. No obstante, debe entenderse que *esta educación no necesariamente debe ser formal.* Cualquier forma de adquisición de competencias que tengan impacto en la productividad será considerada como un incremento en las condiciones del capital humano. Es por ello que muchas empresas toman a su cargo la formación de sus recursos humanos, circunstancia que sin lugar a dudas consideran una inversión que les rendirá frutos con el paso del tiempo.

Hoy en día ya se percibe significativamente que la formación de la masa trabajadora tiene un alto grado de asidero.

Es por eso que somos testigos de que los países con mayor grado de calificación en su población son los que obtienen a su vez una mayor calidad o estándar de vida.

Este hecho debe hacer reflexionar acerca de los beneficios de una educación accesible para todos y con alta penetración en el mercado. Con esta línea de pensamiento, el concepto de capital humano se construyó con la finalidad de teorizar sobre un aspecto que en el pasado había sido un tanto oscuro en lo que respecta a las consideraciones de la economía como disciplina.

Las capacidades a desarrollar deben tenerse muy en cuenta porque podrán resolver una infinidad de problemas y sembrarán las semillas del futuro. En efecto, esta circunstancia explica en buena medida el motivo por el que países devastados luego de una guerra atroz pudieron recuperar su bienestar en algunas décadas, mientras que otros se mantienen estancados mientras transcurre el tiempo.

Entendido tanto como término económico y como sociológico, el concepto de capital humano hace referencia a la riqueza que se puede tener en una fábrica, empresa o institución en relación con la cualificación del personal que allí trabaja, es decir el grado de formación que disponen, la experiencia que cada uno reúne en su haber, la cantidad de empleados y la productividad que de ellos resulta.

En ese sentido, el término capital humano representa el valor que el número de empleados (de todos los niveles) de una institución supone de acuerdo a sus estudios, conocimientos, capacidades y habilidades. Y puesto en términos más sencillos y simples, el capital humano es el conjunto de recursos humanos que integran una empresa o compañía.

El capital humano de una empresa es sin duda alguna uno de los elementos más importantes a la hora de evaluar los rendimientos generales de la misma y también de proyectar sus posibilidades a futuro. Si el plantel de empleados es capaz de producir conforme y de maximizar los resultados de la empresa, entonces, se podrán planear desafíos a corto y mediano plazo, porque es casi seguro que serán capaces de enfrentarlos efectiva y satisfactoriamente.

No es ciencia ni nada nuevo. El término capital humano surge en el siglo XVIII cuando teóricos destacados de la economía, tales como Adam Smith, plantearon la necesidad de enfocarse no sólo en factores de tipo técnicos si no también humanos a la hora de establecer las reglas o estándares de buen funcionamiento de una empresa o de un sistema económico en general. De tal modo, el capital humano apareció como uno de los elementos más importantes a tener en cuenta ya que el mismo es el responsable de ejecutar las tareas y habilidades propias de cada área económica. Concluyendo en que mientras más valioso sea el capital humano de una empresa (mejor capacitado o preparado esté para las tareas específicas que le toquen), mejores serán los resultados de esa institución.

Calidad y tipo de formación son determinantes en el nivel de eficiencia del capital humano.

Es importante señalar que el capital humano está en estrecha asociación con la calidad educativa que brinda un país a su población. El efecto en cadena que esto produce, permite desarrollar habilidades, competencias y conocimientos que abiertamente influyen de manera positiva por supuesto en la producción de la economía en general. Podríamos decir que el estándar de un país es directamente proporcional al nivel educativo y desarrollo intelectual de sus habitantes.

Ahora bien, la diferencia estará marcada no solamente por la educación formal, sino también por el aprendizaje de cualquier otro saber o competencia que sea capaz de impactar de manera satisfactoria en la productividad y actualmente en la atención que se preste a los componentes culturales, sociales, emocionales y generacionales.

En éste sentido, cobran extrema relevancia los procesos de capacitación o entrenamiento de personal, que a conciencia las propias empresas crean dentro de sus ámbitos. La empresa o el gobierno invierten formando a sus empleados porque tarde o temprano ello se verá reflejado en una mayor productividad y competitividad en el mercado que intervienen.

Lo expuesto no es sólo una observación fenomenológica, está sobradamente demostrado que aquellos países que cuentan con una población calificada profesionalmente tienen una mejor calidad de vida respecto de otros en los que el acceso a la capacitación de alto nivel es más complejo.

No incluimos en esta exposición otros factores sociológicos, nos abocaremos solamente a los factores claves conducentes al liderazgo.

Teniendo en cuenta que el **capital humano** se define como el conjunto de las capacidades productivas que un individuo adquiere por acumulación de conocimientos generales o específicos. La noción de capital expresa la idea de un depósito inmaterial e intangible, atribuido a un individuo, que puede ser acumulado en nuestro banco de memoria y ser utilizado cuando se requiera, y en la medida que este capital de memoria sea automático e incorporado al caudal de conocimiento del comportamiento de un dirigente esto incrementa la capacidad de liderazgo.

Significa que juzgando por resultados, el capacitar al individuo o incrementar el capital humano; estamos frente a una inversión. Es una opción que tanto a nivel individual o grupal o empresarial todos tenemos.

Capital humano fue un término utilizado al comienzo en ciertas teorías económicas del crecimiento para designar a un hipotético factor de producción dependiente no sólo de la cantidad, sino también de la calidad, del grado de formación y de la productividad de las personas involucradas en un proceso productivo. Ante esto y en este siglo ya debemos introducir los factores de sinergia e innovación. Destreza, experiencia, aceptación de nuevos paradigmas, versatilidad ante el cambio, son coadyuvantes de este proceso evolutivo.

Hasta ahora, los gerentes planifican, organizan y diseñan estructuras para enfrentar la complejidad y los líderes establecen una visión de futuro y la estrategia para llegar a ella. En esta nueva era cada individuo, funcionando en conjunto sinérgicamente debe transformarse en un pionero para apoyar a los líderes que se ocupan de implementar el cambio y obtener resultados mayores de los esperados.

Esto requiere también un elemento clave, la "vitalidad", vale decir, que el sistema viva y esté arraigado en la cultura organizacional de la empresa. Esto se alcanza fomentando el compromiso de los empleados. No sólo desarrollarlos, sino que retenerlos a través del compromiso. Al mismo tiempo, contar con el compromiso y participación de los directivos. Cada componente debe tomar responsabilidad de sus acciones en ese proceso, entendiendo que toda gestión tanto del talento como la producción no es una responsabilidad exclusiva del departamento Recursos Humanos, sino que es un esfuerzo compartido entre todos, desde el más hasta el menos jerárquico.

Actualmente, liderazgo es un tema particularmente apasionante y de alto impacto en todas las organizaciones; se ha convertido en un elemento altamente diferenciador y en un factor fundamental a la hora sustentar la efectividad organizacional y educacional.

Los dirigentes están enfrentando entornos cada vez más dinámicos y competitivos, donde las estructuras clásicas ya no son efectivas. Citando a uno de los grandes autores y pensadores contemporáneos sobre el liderazgo, John Kotter, señala: *"No se puede dirigir empresas del siglo XXI, con estructuras del siglo XX y directivos del siglo IXX"*. Esta frase refleja la urgente necesidad de generar una transformación en el estilo de liderazgo de los ejecutivos con objeto de incrementar y generar el cambio en el capital humano.

Las organizaciones necesitan más líderes que simplemente gerentes o managers. Son requeridos que se orienten, no sólo a planificar; organizar y controlar, sino que, además, se ocupen de generar una visión; de alinear a las personas; así como de motivar, inspirar y empoderar.

Así como un país no se define por su geografía sino por su gente, también las organizaciones se definen por las personas que la integran que son fiel reflejo de los líderes que las conducen.

También el liderazgo se ve reflejado en la identidad corporativa y la imagen de la empresa frente al mercado y a sus diversos stakeholders.

Si el objetivo de toda empresa o institución fuera el de fabricar líderes capaces de sustentar su éxito en el largo plazo, los mejores productos y servicios serían una simple consecuencia y por supuesto se consideraría éxito.

¿Cómo transformamos una empresa en una fábrica de liderazgo? Lo primero es implementar un sistema de gestión del talento que sea funcional y riguroso o disciplinado, facilitando el tener a la persona adecuada, en el puesto adecuado, en el momento adecuado.

Hasta ahora hemos abordado el tema del capital humano como factor fundamental. Debemos ahora enfocarnos en *Comunicación, Sinergia e Innovación;* elementos que harán que ese capital humano se transforme en liderazgo.

Antes de adentrarnos en estos tres elementos claves debemos entender lo que es un cambio de paradigma.

En una empresa se entiende paradigma como la evolución de una visión funcional de las actividades hacia una perspectiva diferente, sistémica y estratégica de creación de valor a través de las personas sea en factores ideológicos o materiales.

Si los individuos están dispuestos a aceptar y adoptar nuevas formas de pensar, trabajar, enseñar, comunicarse, pensar y crear, por nombrar sólo algunos, significa que pueden cambiar de paradigma. De esto podemos construir la definición de paradigma: es un modelo, teoría o grupo de ideas sobre como algo debe ser entendido, interpretado o realizado.

El premio Nobel Hya Prigogine afirmó que "estamos en un momento apasionante de la historia, tal vez en un punto decisivo de giro", que Fritjof Capra llama "el Punto Crucial" y que se caracteriza por el surgimiento de una nueva visión de la ciencia que se resiste a encajar en el esquema newtoniano, excesivamente mecanicista. De alguna manera hemos pasado de un "paradigma de relojería" en donde todo estaba mecánicamente predeterminado, fijo y lineal, a uno mucho más abierto, flexible, holístico y ecológico que exige de todos "una transformación fundamental de nuestros pensamientos, de nuestras percepciones y de nuestros valores. Este pensamiento del paradigma emergente lleva consigo un cambio de la mentalidad occidental y consiguientemente una profunda modificación de la mayoría de las relaciones sociales, así como de las formas de organización.

Joost Kuitenbrouwer sintetiza así lo que debe significar el nacimiento de esta nueva conciencia: "Los descubrimientos de la teoría cuántica y de la relatividad, es decir, de la nueva física, que señalan que no hay objetividad y que somos nosotros mismos, por la calidad y modo de nuestra percepción, quienes generamos y creamos la realidad tal y como ella se desenvuelve, implican una ruptura epistemológica radical con la percepción mecanicista anterior. No podemos interpretar, entender el mundo y hablar de él, sin examinarnos, sin llegar a entendernos a nosotros mismos... Es esta conciencia la que nos obliga a examinar dentro de nosotros mismos las fuentes de la violencia y a descubrir estilos de vida cualitativamente distintos."

Comunicación

Si comunicación es el acto o proceso de utilizar palabras, sonidos, gestos o comportamientos para intercambiar información o expresar ideas, pensamientos, sentimientos etc. a otros.

¿Cuál es el mensaje que cada uno de nosotros está enviando en su familia, o en el ambiente laboral, sean empleados o alumnos?

¿Es ese mensaje el que realmente deseamos comunicar o proyectar?

Tengamos algo muy claro *"No existe la no comunicación"*. Siempre estamos dando a entender algo al interlocutor, a la persona o la multitud que tenemos delante nuestro. O sea estamos siempre comunicando algo con nuestras palabras, gestos, actitud corporal. Constantemente enviamos mensajes…

No es un secreto que cuando el receptor se siente apreciado y respetado está más deseoso de trabajar, cooperar con el grupo y hacer más de lo necesario o pedido. Lo contrario produce resistencia, rechazo y resentimiento, y ni pensar cuando estas cosas se magnifican, se convierten en sabotaje. Entonces la forma que adoptamos para comunicarnos con nuestros superiores, los que están al mismo nivel o los subordinados debería incluir las siguientes premisas:

1.- Saber escuchar, escuchar y escuchar; demostrar interés y prestar atención, deje lo que está haciendo, retire la vista del teléfono o la computadora y mire a los ojos. Póngase en los zapatos del que habla y trate de entender lo que necesita, lo que siente y el mensaje que desea transmitir.

2.- Preste atención a su lenguaje corporal. Este es aproximadamente un 80% de toda la comunicación. Frecuentemente no estamos atentos a los mensajes que enviamos con nuestra postura o gestos; los que pueden resultar en una reacción negativa, defensiva y a veces hostil, sin intención siquiera de causarlo. Debemos mostrar interés y afabilidad.

3.- Tono de voz y expresiones verbales. Manténgase consciente de su volumen de voz, la emoción que pone en su comentario y el énfasis en sus palabras. Piense antes de hablar.

4.- Cuídese de cómo posiciona a la otra persona. No humillarla, no culparla, no ser sarcástico, no levantar la voz. Siempre utilizar palabras respetuosas y suaves. Hará que la gente alrededor suyo se sienta confortable, aceptada y confiada.

5.- Mire siempre el lado positivo. Existe una tendencia natural primeramente a encontrar lo negativo. Nuestro cerebro aparentemente está más conectado a esta forma de buscar primero lo malo en otro y esto impide conectarse con el interlocutor desde el comienzo en forma más dinámica y abierta. Nuestro juzgar evita que interpretemos que alguien pueda tener un problema independiente al motivo de la comunicación en ese instante e inmediatamente lo rotulamos de algo... así interrumpimos una clara comunicación. Un esfuerzo consciente de enfocarse en lo positivo hasta puede ayudar a esa persona.

6.- Demostrar aprecio y gratitud. No hay nada más motivador e inspirador que buenas palabras de aceptación, reconocimiento y agradecimiento.

Recordemos que cada acción afecta a otros y así sucesivamente; desconocemos hasta qué punto nuestras palabras y acciones puedan llegar tanto en lo negativo como en lo positivo. Cada uno es responsable de elevar el ambiente de trabajo.

Sinergia

Es la capacidad de aprovechar la unión de los esfuerzos de cada uno de los integrantes de un grupo, donde el resultado siempre es mayor que la suma de los esfuerzos individuales. Los individuos trabajan unidos e integrados en total cooperación y aprecian cómo de esta forma se logran más y mejores resultados dentro de una organización.

Los resultados alcanzables son increíbles y en general se ponen de manifiesto en cada una de las acciones que se desarrollen, en general con la forma de atender a los clientes y presentar los servicios y productos y en especial el sentido de cooperación que crea y la creatividad que genera.

El objetivo del trabajo en sinergia es el de potenciar el talento humano y fomentar el emprendimiento empresarial, desarrollar colaboradores que contribuyan al engrandecimiento de la empresa con creatividad, innovación y responsabilidad. El concepto de "sinergia" es como una cadena donde cada eslabón es un factor clave para llegar al éxito.

En general se podrá apreciar que cuando en una organización se aplica esta forma de trabajo y colaboración (más enérgica que el trabajo en equipo) este principio estimula la motivación y lo más importante se refuerza y clarifica la estructura en general.

A través de los trabajos por intermedio de grupos, en general se logra transformar los problemas y se llega a soluciones creativas que sólo se obtienen cuando la empresa adopta este principio.

Innovación

Con el nivel de competitividad que están exigiendo los mercados globalizados, y el desarrollo tecnológico en constante evolución, se puede afirmar que la única ventaja realmente estable reside en las personas de una organización. Son las personas las que con su comportamiento, su efectividad y su compromiso hacen realidad la estrategia en cada una de sus acciones. Por ello, la efectiva gestión de los recursos humanos constituye en la actualidad uno de los elementos más críticos en la dirección estratégica de cualquier organización y en los logros que obtenga.

En este contexto, la capacidad de responder de manera rápida y efectiva a los cambios del entorno (paradigmas) demanda a las de los niveles de conducción, el liderazgo necesario para innovar en sus prácticas de gestión de personal.

Dado que las personas constituyen la fuente principal de generación de conocimiento son el principal activo de la organización. Es un activo intangible de alto valor estratégico y que sustenta hoy la capacidad de diferenciarse y generar una ventaja competitiva sostenible y determinante del futuro de la organización y la calidad de resultados.

Es por ello que han surgido "laboratorios de innovación", "start ups", y los llamados "Incubators", que constituyen verdaderos centros de investigación y desarrollo para la gestión de los recursos humanos, innovación y creación de nuevos paradigmas a voluntad. Hoy, las áreas de recursos humanos y sus profesionales son – o debieran ser – además de expertos en su función, verdaderos consultores internos, facilitadores de procesos y coaches.

La clave aquí es no diseñar modelos de innovación excesivamente complejos que generen resistencia en las personas, sino mantenerlo simple, efectivo, permanente y progresivo. Además, la organización debe estar dispuesta a invertir recursos para el desarrollo de estos centros de experimentación e innovación. Y con recursos no sólo me refiero a los aspectos económicos que ello puede implicar, sino a uno de los recursos más escasos hoy, el tiempo. Dar el espacio necesario para la innovación es un cambio de estado mental desde una perspectiva a corto plazo enfocada a una visión estratégica de largo, entendiendo que la innovación en las prácticas del capital humano permite ir generando y reforzando las capacidades estratégicas de toda la organización.

Comunicación, sinergia e innovación en liderazgo educacional

Para lograr generar una mentalidad innovadora e innovaciones, los profesionales del área deben asumir ciertos desafíos claves para que sus propuestas aporten adquieran interés en la dirección de la empresa y aporten valor al negocio:

Trabajar independientemente
Significa que aumenten su grado de compromiso con la empresa para su desarrollo, pero no estar totalmente involucrados en la operatoria diaria o en la cadena de producción.

Conocimiento del mercado

Tomar la iniciativa

Siempre desde la perspectiva de la innovación, el creativo debe tomar iniciativa, es decir demostrar y poner en práctica las nuevas ideas o estrategias. Esto crea un contraste entre la prospectiva de crecimiento del negocio, con la necesidad de responder a las necesidades o lidiar con los problemas diarios.

Ver las cosas desde una perspectiva estratégica y global

Significa entender la globalidad del negocio y percibir cómo y dónde el nuevo capital humano contribuye, apoya y transforma esa perspectiva estratégica en realidad.

La realidad demuestra que en estos centros o grupos de innovación no se trata de una tendencia generalizada, sino que se trata de un verdadero cambio de paradigma, pues implican no sólo la inversión de recursos, sino que la actualización de la organización y estructura de la función de recursos humanos.

Dediquémonos específicamente al liderazgo pedagógico o educacional

Es escaso lo que se menciona de liderazgo en los centros educativos, tal vez porque generalmente se lo asocia al mundo económico, empresarial o deportivo. En pedagogía como en otras áreas se impone la "Colaboración, y no la competencia"

Debido a que la pedagogía es una actividad netamente dirigida al capital humano individual y grupal en cualquiera de sus niveles, requiere también de un liderazgo específico, claro, selectivo y también sólido y enérgico. Es importante recordar que la función del educador es directa, a diferencia de una empresa que no ve ni puede evaluar el resultado de su producto inmediatamente.

En educación los resultados se pueden evaluar a inmediato y a largo plazo, siendo el efecto en cadena "ripple effect" más notorio para el ambiente o la sociedad bajo estudio u observación. Para un resultado eficaz, las dotes de liderazgo aquí se imponen sin duda alguna.

Liderar un centro educativo consiste en adquirir y poner en marcha de manera eficaz y eficiente el conjunto de recursos necesarios y apropiados que le permitirán socializar a los alumnos al tiempo que los instruye. Si bien existe la constante participación del estudiante, un líder apropiado facilitar y acelerará el proceso tanto de aprendizaje básico como el de desarrollo de capacidades individuales.

La interdependencia global con el fácil acceso a la información y la tecnología, conducen a una nueva filosofía de comportamiento en la que el mundo actual debe estar inmerso creando así la necesidad de un nuevo liderazgo a nivel educacional. En este contexto, reviste gran importancia la adecuada promoción y creación de líderes con nuevos enfoques y talentos.

De todos los tipos de liderazgo que existen el que mejor se ajusta a esta época es el "Liderazgo Coach". El liderazgo del tipo autoritario, dominante, democrático, conciliador o ejemplificante que se describen habitualmente en la literatura no son los más apropiados o no se ajustan a los esquemas de liderazgo.

El liderazgo coach es sumamente útil pues facilita la concientización del estudiante cualquiera sea su nivel.

Cuanto más precoz en edad sea la concientización más efectiva la participación y el aprendizaje. El fenómeno más notorio en este tipo de liderazgo es la participación y la sinergia que produce automáticamente y como se transforma en un comportamiento automático, las condiciones de líderes se manifiestan tempranamente, pues está como impregnado en la conducta diaria de los participantes.

Las principales características del Liderazgo Coach son:

- Permite la innovación.
- Permite la experimentación.
- Acepta los riesgos.
- Aumenta la individualización
- Facilita la cooperación
- Ayuda a los alumnos a tomar conciencia de sus puntos fuertes y sus puntos débiles.
- Es capaz de definir cuáles son las aspiraciones personales, académicas y profesionales de sus alumnos.
- Ofrece una gran cantidad de instrucciones porque pauta las tareas.
- Ofrece mucho *feedback* o retro-alimentación a sus alumnos.
- Delega tareas con frecuencia, incluso las que se consideran complejas.
- Defiende el error como una forma más de aprendizaje.
- Defiende el valor del diálogo como herramienta para aumentar la responsabilidad entre sus alumnos.
- Verbaliza el compromiso ante sus alumnos.

- Defiende cierto grado de autonomía en el aprendizaje.
- Practica el refuerzo positivo incondicional, es decir, trabaja para aumentar el autoconcepto y la autoestima de sus alumnos verbalizando sus logros y aciertos.
- Promueve la armonía dentro del grupo, así como la moral de sus alumnos.

Un líder natural no se destaca por un sólo tipo de liderazgo. El gran líder es un individuo con gran capacidad de flexibilidad y adaptación a las necesidades y demandas de cada grupo.

Si bien los ámbitos de enseñanza no son compañías ni empresas, son ambientes de aprendizaje y convivencia donde se construyen relaciones a nivel humanitario, deberían considerarse como reales corporaciones donde el producto inicial es el estudiante y el producto final es el nivel que adquirirá ese estudiante. Por eso es que la palabra "gestión" también ha ingresado en los claustros iniciales, tanto como en los universitarios. El tan ansiado liderazgo pedagógico también requiere de la misma mentalidad reinante en las industrias.

Lo innato de un líder es su enfoque en las personas, en la re-creación, innovación y en hacer tomar responsabilidad, no en los sistemas solamente, y esto es lo conducivo al éxito en la educación

En la medida que los líderes inspiren, motiven y empoderen generarán un estudiante más participativo de la realidad, responsable, con ansias de progreso, con mayor participación social y más proactivo.

Hay factores que si bien intervienen en todas las áreas del liderazgo en educación adquieren mayor relevancia pues de ser aplicadas automáticamente como parte del comportamiento del que enseña incrementa exponencialmente el aprendizaje:

- **Inteligencia Emocional**: un buen conocimiento del área emocional y como accede a esa área en los que nos rodean, nos capacita para actuar en este mundo interdependiente eliminando obstáculos por el simple hecho de comprender como se siente la otra persona o estudiante.
- **Inteligencia Cultural**: es la capacidad de conocer las creencias, costumbres y tabúes de otras culturas. Sin este conocimiento limitamos el rendimiento en clase o trabajo.
- **Inteligencia Intergeneracional**: éste no es sólo un vehículo de educación cívica, es un fenómeno que abarca todas las constelaciones de la sociedad o un país. Cada generación contribuye con sus virtudes y experiencia, que es exclusiva de esa generación. No se puede calificar de bueno o malo, positivo o negativo, es la característica arraigada en cada generación. Un fenómeno que está acaeciendo actualmente en Estados Unidos es la incorporación de jóvenes ex-combatientes de los últimos conflictos bélicos; son individuos capaces y entrenados para tomar decisiones rápidas y pueden realizar muchas tareas al mismo tiempo. Esto es un valor agregado a toda empresa u organización en proceso de desarrollo o

simplemente de cambio o adaptación. Cada uno por sí mismo es un líder.

- **Inteligencia Social**: como en el ajedrez, cada uno de nosotros somos piezas de un tablero social que sigue las reglas del juego. Cualquiera de las piezas puede ser determinante de ganar un juego. De la misma forma que en nuestro cerebro una neurona esta interconectada con todas las demás. El principio básico es que nadie puede hacer cosas sólo por sí mismo.

- **Empoderamiento**: éste proceso facilita a cada individuo utilizar sus propios recursos mentales e incluso descubrir recursos que no sabía o no creía tener. El individuo fortalece toda su capacidad mental, autoconfianza, auto-estima, visión, y perspectiva y participación de las situaciones que está viviendo o experimentando. Empoderando a la persona se logra mayor trabajo sinérgico y en consecuencia el producto final afecta más gente y en forma más positiva.

Liderar no es tarea fácil y sólo pocos pueden transformarse en verdaderos líderes; no sólo los innatos pueden lograr estos resultados. Lo esencial del líder provoca el entusiasmo y movilización en los demás, los inspira, motiva y empodera. Es la pasión de un líder por el prójimo y el grupo social que le permite volcar su propio poder en otros y demostrar que todos lo tienen.

En consecuencia, en educación necesitamos verdaderos líderes comprometidos con un proyecto innovador de alta calidad y profundo compromiso con las personas y sociedad en general. Para aquellos que realmente consideran que en cada momento y con cada acción construimos el futuro, humanidad y conciencia son las claves.

Las personas, que no sólo sepan gestionar recursos y elaborar planificaciones estratégicas, sino que sepan gestionar la dimensión emocional de las personas. En definitiva, necesitamos líderes no solamente directivos expertos en educación y sobre todo en humanidad, con capacidad de convocar y de entusiasmar.

Otras características generalmente presentes en un líder genuino son:

- Empatía
- Compasión
- Preocupados en la seguridad y bienestar del prójimo
- Cuidan de sus colaboradores o subordinados
- Perciben las necesidades del otro
- Hábiles y con alto grado de autoconfianza
- Cuando están frente a una crisis tienen la creencia intrínseca de que lo pueden superar
- Tienen siempre un recurso para cambiar de una situación traumática a otra mejor
- Están seguros de que pueden ser exitosos sin importarles lo que se interponga en su camino
- Sus valores son su estandarte y están dispuestos a pasar por altos riesgos para mantener esos valores o principios
- Tanto sus valores como creencias le dan la fuerza para sobreponerse a los obstáculos que encuentren

- Son siempre positivos
- Siempre trabajan en sus metas a pesar de sus contratiempos o retrocesos
- Persistencia y perseverancia son parte de su personalidad y actuar
- Constante aprecio por la vida

Líderes son también llamados empresarios/emprendedores internos, son aquellos que consideran a los problemas o conflictos como oportunidades o desafíos para mejorar y avanzar desde la posición que poseen o desde dentro de la compañía misma.

La compañía debe reconocerlos por ciertas características muy notorias, las cuales deben ser aumentar su rendimiento y eficiencia, especialmente en áreas operacionales o conflictivas. Tal vez invertir en estos personajes, parte del capital humano de la empresa, sea el foco más importante para asegurarse un crecimiento estable y duradero. Estos individuos están constantemente elaborando proyectos sobre tareas actuales o procesan nuevas ideas.

Los caracteriza un compromiso constante, son adaptables, auto-motivados, confiados en sí mismos, generalmente aprecian la importancia del retorno de una inversión aunque no están sólo motivados por las ganancias. Su principal motivación es como pueden contribuir al progreso del grupo y consecuentemente de la empresa. Son ellos los que primero innovan y luego piensan en el aumento de salario. Su actuar y creatividad ejecutiva son innatas.

Alentar a este tipo de empleados es asegurarse un equipo sinérgico de alta competitividad hasta en los momentos más difíciles de una organización.

Volviendo al principio, cuando mencionamos *"Si la educación es costosa, pruebe con la ignorancia", cuál sería el método más apropiado en este momento? La respuesta es simple: Coaching.*

En el año, IBM 2012 tenía distribuidos en sus oficinas más de 60 coaches. El por qué es sencillo, no sólo han hecho del coach ejecutivo parte imperativa de desarrollo ejecutivo si no que comprendieron que la interacción con una tercera parte en las circunstancias debidas pueden proveer el foco y la solución que otras formas de soporte internacional simplemente no pueden brindar.

Mientras que en una época se creía que el coaching sólo servía para corregir, ahora es universalmente aceptado que es para avanzar. Una estadística realizada por Right Management Consultants (Philadelphia) durante el 2014, demostró que el 86% de compañías utilizaban ya coaching para agudizar las habilidades de los individuos que habían sido identificados como líderes organizacionales.

El coaching ya integra la corriente principal en las industrias porque también obtiene resultados rápidos. Pero por sobre todas las cosas y en lo que a liderazgo se refiere, es porque desarrolla líderes sin sacarlos de las responsabilidades diarias.

Si bien tanto la organización como los ejecutivos deben comprometerse con el coaching para que éste sea exitoso, la idea de imponer coaching se puede originar del departamento de Recursos Humanos, del movimiento de desarrollo individual o de los ejecutivos mismos. Día a día se identifican muchos líderes que por sí mismos buscan coaching.

El coaching será más productivo cuando en la organización haya deseo de crear un cambio positivo. Los ejecutivos deben sentir la necesidad de cambio en comportamiento tanto para sí mismos como para el equipo. Coaching no es sólo para abordar nuevas situaciones, es también y generalmente requerido para desarrollar nuevas estrategias para atacar y resolver viejos problemas.

Uno de los desafíos más notorios para los ejecutivos es cómo manejar a las nuevos grupos de trabajadores que pertenecen a la última generación cuya ética y valores es diametralmente opuesta a los "baby boomers", que son generalmente los líderes actualmente presentes.

La situación ideal en coaching es cuando se establece una relación de tres canales, la compañía, el ejecutivo y el coach, siempre después de establecer las metas que la organización pretende.

El coaching en las organizaciones funciona porque trabaja fundamentalmente a nivel individual, refinando y aumentando las habilidades y talentos de cada integrante.

Los siguientes son otra serie de elementos que incluye el coaching:

- Integridad: aprender a liderar en una forma genuina a sus habilidades y es natural con su forma de ser.
- Determinación: tomar decisiones y acción más rápidamente, manejando mejor los tiempos y dirigir más efectivamente su equipo.
- Coraje: aprender a confrontar obstáculos y desafíos que permitan empoderarlo para transformar problemas en oportunidades.
- Claridad: alinear al personal y las metas para minimizar el estrés incrementando la satisfacción de alcanzar las metas.

El coaching brinda una perspectiva diferente al cliente, ayudándolo a crecer más allá de sus propias barreras auto-impuestas o creencias limitantes.

Recuerde que un individuo generalmente no avanza pues no está capacitado para ver más allá de su propio horizonte.

La influencia de los miedos, como el del fracaso o el mismo miedo a enfrentar el éxito y el terror al riesgo del cambio que muchos individuos sufren inconscientemente, frenan y evitan muchas decisiones y acciones, hasta la más simple que es la de fijar las metas. Las compañías se mantienen en su zona de seguridad o confort, sin darles la posibilidad de crecimiento y expansión.

Pese a la incomodidad y preocupación que esto causa, y sentirse al borde de un abismo, aun no desean tomar el primer paso, pues aunque el estrés sea mayor, están más seguros si no cambian nada. Este es el preciso momento en que el coaching es sumamente efectivo pues crea un ambiente seguro y de soporte mental y emocional que permite realmente el crecimiento y la evolución individual y corporativa.

Recordemos que para el que es ya exitoso, también otorga beneficios. ¿Qué sucedería si?

- Pensara más inteligentemente y trabajara más intensamente con menos estrés y sin tanto gasto de energía?
- Aprendiera a diferenciar lo necesario de lo secundario?

- Encendiera su entusiasmo para hacer y ser lo mejor de sí mismo?
- Agregara más valor a su actividad del que realmente le da?
- Decidiera realmente desarrollar liderazgo?
- Pensara más inteligentemente y trabajara más intensamente sin tanto estrés y desgaste energético?
- Priorizara sus tareas?
- Encendiera su entusiasmo para dar lo mejor de sí mismo?
- Agregara más valor a su actividad presente?
- Acrecentara su deseo de desarrollar su liderazgo?

¿Cuánto valor tendría para Usted si…?

- Si estuviera realmente inmerso y fuera exitoso en el mercado global?
- Si sus gerentes o directores departamentales aprendieran también de Usted herramientas de crecimiento?
- Si estuvieran todos adaptados a trabajar en un ambiente multicultural?
- Si pudieran prevenir y resolver conflictos y tomar decisiones apropiadas sin demora o consulta a los superiores?
- Y muchas cosas más?

Desarrollar líderes domésticos o internacionales requiere un programa sistemático de coaching conducido por especialistas que cuente con el apoyo de las diferentes especialidades de la organización y de las técnicas apropiadamente actualizadas que incluya coaching con modelos y herramientas de cambio de conducta.

Por último y como corolario un simple agregado para cualquier emprendimiento: HUMOR.

El humor en los negocios es una contribución al balance emocional individual y a un aumento de los resultados profesionales. Las decisiones apropiadas en su vida personal o profesional son generalmente la base del éxito. Con un buen sentido del humor puede lograr mejores niveles de comunicación y negociación. Los líderes más eficientes saben inconscientemente que deben proveer un grato ambiente de trabajo a sus equipos de trabajos. Investigaciones han demostrado que organizaciones con empleados más felices suelen superar la eficiencia de otras compañías o de la competencia.

Ni mencionar cómo la moral general de la organización se eleva y cómo la satisfacción del cliente también mejora.

Conclusiones

- Se ha puesto en manos del lector material para reflexionar y aplicar en todas las áreas del quehacer humano.
- Usted tiene ahora la información y en un alto porcentaje la solución. ¿Qué hará con ella?
- ¿Está dispuesto para dar el primer paso de transformación personal y empresarial?

Referencias

Aamodt, M. G., (2016). Industrial/Organizational Psychology: An Applied Approach, Eighth Edition.Cengage.

Bertisch Danziger, R. & Danziger, S. (l984). Mind Map of life patterns: A map on beliefs, life patterns and behavior. Honolulu, Hawaii: Self-Mastery Systems International.

Bertisch Meir, R. (2004). Del miedo al exito. In H. Iglesias (Ed.) Exitistas o exitosos.Buenos Aires, Argentina: Cefomar editora, 137-146.

Bertisch Meir, R. (2004). Stop beliefs that stop your life. Bloomington, Illinois: Authorshouse

Bertisch Meir, R., & Meir, M. (2004). Re-Creating your Life. Philadelphia. PA, Xlibris.

Bertisch, R. (1982). A model for conflict resolution techniques: Fixed belief/life pattern counseling. Unpublished Master's Thesis, University of Hawaii, Honolulu, HI.

Bertisch, R. (1987). Life pattern theory and practice. Doctoral dissertation, University for Humanistic Studies, San Diego, CA.

Bertisch, R., & Mordkowski, F. (1993). Autotransformación y longevidad. Buenos Aires, Argentina: Synergistics International.

Bohm, D. (1989) Quantum Theory. Dover Publications, Inc

Childre, D.L. (1994) Freeze Fram. Boulder Creek

Coleman, D. (2009). Emotional Intelligence. Bamtam Books.

Coleman, R., & McCombs, M. (2007). The young and agenda- less? Exploring age- related differences in agenda setting on the youngest generation, baby boomers, and the civic generation. Journal & Mass Communication Quarterly, 84 (3), 495-508.

Dalton, M., Hoyle, D., and Watts, M. (2011). Human Relations (4th Ed.) Cengage.

Feinstein, D., Eden, D. Craig, G. (2005) The Promise of Energy Psychology. Tarcher – Penguin.

Furnham, A. (2004). The Psychology of Behaviour at Work, 2nd Edition. Taylor & Francis.

Group Work of Mc Graw-Hill. (2009) Supervising and Managing People.

Hartman, L., DesJardins, J., MacDonald, C. (2013) Business Ethics: Decision Making for Personal Integrity & Social Responsibility. Cambridge Press

Jeremy, M. (2015) Corporate Social Responsibility: A Very Short Introduction 1st Edition. Oxford Publishers.

Kunreuther, F. (2003). The changing of the Guard: What generational differences tells us about social- change organizations. Nonprofit and Voluntary Sector Quarterly, 32, 450-457. doi: 10.1177/089 Dona 9764003254975

Landy, F. J., and Conte, J. M. (2013). Work in the 21st Century: An Introduction to Industrial and Organizational Psychology, 4th Edition. John Wiley & Sons.

Pribran, Karl H. (2010). Languages of the Brain. Prentice Hall, Inc.

LA MEDICIÓN DE LA COMPETENCIA DIGITAL E INFORMACIONAL

Silvia J. Pech & Manuel E. Prieto
Universidad de Castilla-La Mancha
Departamento de Psicología | Facultad de Educación.
Instituto de Tecnología y Sistemas de Información.
manuel.prieto@uclm.es | silvia.pech@uclm.es

1.- Introducción

De acuerdo con una encuesta de 2014 sobre Inclusión y Habilidades digitales en la Unión Europea (UE), hasta un 47 % de la población de la UE cuenta con competencias digitales insuficientes, incluyendo un 23 % que no tiene competencias digitales en absoluto. Con base en estos datos se propuso un marco europeo de *competencias digitales para la ciudadanía* (European Digital Competence Framework for Citizens). DIGCOMP, "Hacerse con las competencias digitales: misión para la ciudadanía del siglo XXI"[5]

Con relación al dominio de las competencias digitales del cuerpo docente, los estudios en este ámbito reflejan

---

[5]. Fuente: European Commission "*Hacerse con las competencias digitales: misión para la ciudadanía del siglo XXI*". En: http:// www.schooleducationgateway.eu/es/pub/experts/riina_vuorikari_-_becoming_dig.htm#.VX_ZlKNGDMA.twitter

repetidamente la falta de desarrollo profesional disponible, en particular de cara al uso de las TIC para fines didácticos. De igual modo, las oportunidades para afinar las propias competencias del profesorado en lo que respecta al uso de las TIC son más bien escasas y podría serle beneficioso aprovechar oportunidades de aprendizaje informal. eTwinning, por ejemplo, pone una red de docentes a disposición de quienes quieran colaborar con otros profesionales, llegando a la adopción de nuevas prácticas en el aula con las TIC e incluso a una mejora de la propia eficiencia como docente (TALIS 2013, pág. 199).

Este capítulo se dedica a analizar las formas de medir la Competencia Digital e Informacional (CDI), haciendo énfasis en la evaluación de la CDI en los docentes. Los objetivos fundamentales de este trabajo han sido tres: 1) Precisar el concepto general de CDI; 2) Especificar las dimensiones y los atributos que caracterizan la CDI en profesores a través del estudio de artículos, cuestionarios y otras formas de medición propuestas; y, finalmente 3) Servir de guía a profesores para la medición de la CDI y a las instituciones de formación de formadores sobre buenas prácticas a tener en cuenta diseño de planes y programas de estudio.

Para este trabajo se realizó una metodología de diseño de Revisión Sistemática de Literatura (RSL) sobre artículos y reportes de investigación publicados recientemente en el tema. Como resultado, se elaboró una lista de conceptos que se consideran relevantes a la Competencia Digital e Informacional y las formas de medirla. Se ha seguido el Protocolo de Búsqueda recomendado en OSTEBA que resulta en un proceso lógico, explicito, sistemático, reproducible y objetivo.

La estructura del resto del documento es la siguiente:

El epígrafe 2 se dedica a hacer algunas consideraciones sobre el concepto de competencia y de Competencia Digital e Informacional, sobre todo en estudiantes y profesores.

El tercero se dedica a la recopilación y análisis de diferentes intentos de abordar la medición de la CDI en países e instituciones diversas.

En el cuarto epígrafe se presenta un proyecto propio que incluye la definición de un instrumento para medir las CDI en profesores, así como un estudio estadístico sobre su aplicación y análisis.

En el último epígrafe se presentan las conclusiones del trabajo y una breve consideración sobre la forma de abordar el problema del desarrollo de la CDI y su medición.

2.- Conceptos de Competencia y Competencia Digital e Informacional

Dentro de la categoría más amplia de: aprendizaje, se encuentran la percepción, el juicio, la abstracción, el razonamiento, la imaginación, el recuerdo y la anticipación, ERIC, (2015). Involucra los procesos cognitivos basados en la percepción, la introspección, o la memoria, que son procesos clave de la inteligencia humana, a través de los cuales una persona obtiene conocimiento o comprensión conceptual.

Los procesos cognitivos estudiados en el ámbito de la psicología, en la categoría de características del desarrollo individual, se encuentran: las aptitudes, la habilidad y las destrezas. Todos estos procesos están ligados al desarrollo de la competencia, entendidos como comportamientos complejos, de tipo físico o mental, que requieren la práctica para realizarlos con soltura; Esta visión del concepto de competencia, es definida como la capacidad demostrada de una persona para llevar a cabo una tarea; es decir, la posesión de conocimientos, habilidades y características personales necesarias para satisfacer las exigencias o requisitos especiales de una situación particular. (ERIC, 2015).

Es importante destacar que en cada definición de competencia, existen supuestos previos diferentes con los que cada autor opera, y como expresara Le Bortef, et al., (1993), "el concepto de competencia actual posee un atractivo singular, la dificultad de definirlo crece con la necesidad de utilizarlo", de manera que más que un concepto operativo es un concepto en vías de construcción.

Se considera que el término competencias ingresa al campo educativo desde dos vertientes diferentes: las teorías de la comunicación a partir de los estudios de lingüística de Noam Chomsky realizados en 1965, quién distingue entre "competencia lingüística, o sea la capacidad que desde muy pequeños tienen los humanos de entender frases nuevas y de producir mensajes nuevos, inéditos; y la *performance*, o la actuación, la realización de esa capacidad, entendiendo y produciendo mensajes nuevos" y el enfoque empresarial, ligando las destrezas del "saber hacer" y la capacidad de competir (Barbero, 2004, en Evia y Pech,).

De acuerdo con Zabalza (2003), se puede definir el término competencia como el conjunto de saberes éticos, vivenciales, cognitivos, emotivos y prácticos, entre los que figuran las capacidades individuales, los conocimientos, el saber hacer, las habilidades, experiencias, experiencias prácticas, actitudes y aptitudes necesarias, para que el profesional pueda desempeñar roles de trabajo específicos y realizar actividades que le conduzcan al logro de objetivos determinados.

Según el tesauro ERIC (2015), competencia es la capacidad individual demostrada por el individuo para llevar a cabo algo, es decir, la posesión de conocimientos, habilidades y características personales necesarias para satisfacer las exigencias o requisitos especiales de una situación particular.

De acuerdo con Le Bortef, Barzuchetti y Vincent (1993), la competencia abarca, precisamente, el conjunto de saberes -habilidades, conocimientos, capacidades y actitudes que se pueden utilizar e implementar en un contexto profesional y que se emplean para desempeñar roles que implican determinadas funciones profesionales.

Este conjunto de saberes se considera en tres ámbitos específicos: conocimiento, ejecución y actitud; es decir, se requiere del conocimiento conceptual, del saber hacer o aplicar ciertos instrumentos o procedimientos y de valores y actitudes hacia el trabajo.

Mientras que COMPETENCIA es la combinación integrada de conocimientos, habilidades y actitudes, conducentes a un desempeño adecuado y oportuno en diversos contextos (Manual de Educación en Salud basada en Competencias, OPS-OMS, 2001).

Modelo de competencias por ejes y funciones

Según este enfoque, las Competencias se han clasifican en los siguientes tipos:

83

I.- COMPETENCIAS CLAVE

a) Competencias Cognoscitivas

b) Competencias Comunicacionales

c) Competencias Lógico-numéricas

d) Competencias Informacionales

e) Competencias Interpersonales

II. - COMPETENCIAS ACADÉMICAS

a) Competencias Matemáticas

b) Competencias Científicas

c) Competencias Socio-Históricas

d) Competencias Ecológicas

e) Competencias Tecnológicas

III. - COMPETENCIAS LABORALES

a) Competencias Básicas

b) Competencias Genéricas

c) Competencias Específicas

De acuerdo con Shulman, citado por Regan (1992), los saberes pedagógico-didácticos, deben de girar en torno a los siguientes aspectos, relacionados con el área de la tecnología educativa:

- calidad de actividades;
- diseño específico de los materiales;
- colaboración e interactividad entre los participantes;

- comunicación sincrónica y asincrónica;
- motivación para lograr un papel activo en el aprendiz;
- tutoría virtual;
- evaluación;
- auto evaluación;
- retroalimentación.

Se concibe entonces la Competencia, en este caso, la Digital e Informacional, como la confluencia de factores tales como: saber, saber hacer y los aspectos valorales y actitudinales adecuados para el uso de dichas saberes y técnicas, en los aspectos digitales e informacionales.

La Competencia. Digital e Informacional (CDeI) es una unidad compleja en la que intervienen cuatro aspectos fundamenales:

- Saber;
- Saber hacer (habilidad, destreza);
- Ejecución con criterios de valor y actitud y
- Criterios de desempeño, por grados y niveles: Básico, Intermedio, Avanzado.

"La Competencia digital implica el uso crítico y seguro de las Tecnologías de la Sociedad de la Información (TSI) para el trabajo, el tiempo libre y la comunicación (TIC)". Apoyándose en habilidades TIC básicas: uso de ordenadores para recuperar, evaluar, almacenar, producir, presentar e intercambiar información, y para comunicar y participar en redes de colaboración a través de Internet" (European Parliament and the Council, 2006).

En la siguiente tabla, se presentan los resultados del proyecto DIGCOMP para la competencia digital de todos los ciudadanos, ya que la competencia digital es una de las ocho competencias clave para el aprendizaje a lo largo de la vida y es esencial para participar activamente en una sociedad digital. En la tabla a continuación, se presentan las 21 competencias identificadas. El informe analiza los conocimientos, destrezas y actitudes relacionados con la competencia, una descripción breve de los tres niveles de desempeño en dicha competencia y ejemplos de cómo la competencia puede ser aplicada en propósitos específicos, por ejemplo en el aprendizaje y el empleo.

Tabla 1: Proyecto DIGCOMP.
Áreas de competencia y competencias específicas.

Área de competencia	Competencia
1. Información	1.1 Navegación, búsqueda y filtrado de información 1.2 Evaluación de la información 1.3 Almacenaje y recuperación de información
2. Comunicación	2.1 Interacción a través de las tecnologías 2.2 Intercambio de información y contenidos 2.3 Participación activa en la ciudadanía digital 2.4 Colaboración a través de canales digitales 2.5 Netiqueta 2.6 Gestión de la Identidad digital
3. Creación de contenido	3.1 Desarrollo de contenidos 3.2 Integración y reelaboración 3.3 Copyright y licencias 3.4 Programación
4. Seguridad	4.1 Protección de dispositivos 4.2 Protección de datos personales 4.3 Protección de la salud 4.4 Protección del medio ambiente

Área de competencia	Competencia
5. Resolución de problemas	5.1 Resolución de problemas técnicos 5.2 Identificación de necesidades y soluciones tecnológicas 5.3 Uso de la tecnología de forma creativa e innovadora 5.4 Identificación de lagunas en la competencia digital

Fuente (CC): http://e-aprendizaje.es/

La Organización para la Cooperación y el Desarrollo Económico (OCDE) creó a finales de 1997 un proyecto denominado DeSeCo (Definition and Selection of Competencies) para servir como fuente de información para identificar las competencias clave y fortalecer las encuestas internacionales que midan el nivel de competencia de jóvenes y adultos. Define las competencias como: "la capacidad para responder a las demandas complejas y llevar a cabo tareas de forma adecuada. Cada competencia se construye a través de la combinación de habilidades cognitivas y prácticas, conocimiento (incluyendo el conocimiento tácito), motivación, valores, actitudes, emociones y otros componentes sociales y conductuales".

Dentro de las competencias clave propuestas por la Comisión del Parlamento Europeo figura la competencia digital que define como: "La competencia digital entraña el uso seguro y crítico de las Tecnologías de la Sociedad de la Información (TSI, en adelante) para el trabajo, el ocio y la comunicación. Se sustenta en las competencias básicas en materia de TSI: el uso de ordenadores para obtener, evaluar, almacenar, producir, presentar e intercambiar información y comunicarse y participar en redes de colaboración a través de Internet".

3.- Formas propuestas para la medición de la CDI. Estado de la cuestión

El presente epígrafe se centra en analizar algunas propuestas realizadas para medir la CDI. Para ello se realizó una Revisión Bibliográfica Sistemática. El resultado completo de este estudio, será objeto de otro trabajo separado. Aquí se presenta el enfoque metodológico utilizado y un resumen de algunos sistemas e instrumentos relevantes que se aplican en diferentes instituciones.

Una Revisión Sistemática de Literatura (en inglés: Systematic Literature Review – SLR), es un proceso para identificar, evaluar e interpretar toda la investigación relevante disponible sobre cualquier cuestión de investigación o fenómeno de interés. (Kitchenham y Charters, 2007). Un SLR se considera un estudio secundario, mientras que cada una de las publicaciones individuales recopiladas en un SLR se denomina estudio primario.

Las Revisiones Sistemáticas de Literatura, permiten realizar evaluaciones rigurosas de un tema de investigación utilizando una metodología sistemática, confiable y replicable. Por ejemplo, las revisiones sistemáticas deben realizarse en concordancia con una estrategia de búsqueda predefinida. En nuestro caso, tal estrategia se centra en las formas de medir la CDI y en los marcos conceptuales, instrumentos o programas dedicados a caracterizarla o medirla.

Se han seguido las siguientes etapas en el proceso de SLR:

- Formular el objeto, el alcance y la pregunta de investigación.
- Definir los criterios de inclusión y exclusión.
- Establecer cadenas de búsqueda precisas.
- Determinación de las Bases de Datos y otras fuentes de registro de estudios primarios.
- Realización de las búsquedas y localización de los estudios primarios relevantes.
- Evaluación de la calidad y selección de del material recopilado.
- Análisis, interpretación y presentación de los resultados.

A continuación se presenta la selección de casos escogidos obtenidos de la SLR que se refieren sobre todo a resultados de interés en cuanto a métodos, instrumentos, certificaciones y otras formas de medición de la Competencia Digital e Informacional. En todos los casos posibles, se indica la forma de acceso.

C2i y C2i2e

Desde 2000, Francia puso en marcha un sistema informático para certificar las competencias en informática e internet, el B2i (Diploma en Informática e Internet) y el C2i (Certificado en Informática e Internet). Cuatro años más tarde, se estableció el C2i especializado para profesores cuyo título exacto es el C2i nivel 2 – Profesores (C2i2e), que se hizo obligatorio en la formación inicial de Profesores a partir de 2007.

En: http://cursus.edu/article/5507/des-outils-pour-evaluer-son-niveau/#.Vxuhr-ZF2Wk

Esta certificación pretende "verificar las competencias profesionales comunes y necesarias a todos los Profesores que ejercen su profesión en sus dimensiones pedagógica, educativa y ciudadana a través de los siguientes campos: los problemas y retos relacionados con las TIC en general y en la educación, en particular; las acciones educativas relacionadas con la investigación de las TIC y el uso de sus recursos; el trabajo en equipo y en red; los entornos digitales de trabajo y la evaluación y validación de las competencias TIC en el contexto de los documentos curriculares de los programas de enseñanza."

La página web oficial C2i es: http://eduscol.education.fr/video/c2i/c2i1/auto-test/b2/test.htm, proporciona un test para tener una idea de las habilidades requeridas y para la auto-evaluación que toma como referencia los 9 puntos siguientes:

A1 Tomar en cuenta el carácter evolutivo de las TIC;
A2 Integrar la dimensión ética y el respeto de la deontología;
B1 Apropiarse de los entornos de trabajo adecuados;
B2 Búsqueda de Información;
B3 Visualizar, asegurar y archivar sus datos en forma local y en las redes;
B4 Realizar los documentos destinados a ser impresos;
B5 Realizar la presentación de sus trabajos presenciales y en línea;
B6 Dialogar y comunicarse a distancia;
B7 Llevar a cabo proyectos colaborativos a distancia.

Cada uno de esos puntos está disponible en una serie de preguntas para la evaluación de las habilidades del usuario. Al final de cada parte, el usuario obtiene un resultado que proporciona la valoración porcentual de respuestas correctas y una indicación de las preguntas sobre aspectos no controlados que requieren entrenamiento.

También es posible posicionarse con respecto al nivel C2 'i, a través de las pruebas ofrecidas por las universidades, como la Universidad de Provenza que dispone de una prueba de libre acceso disponible en: https://certif-c2i.univ-provence.fr/index.php?option=com_content&view=article&id=9&Itemid=5.

MITIC

El cantón de Ginebra, en Suiza, tiene un marco de competencias MITIC (uso de los medios de comunicación, la Imagen y la Tecnología de Información y la Comunicación) para su uso por los profesores.

Este marco comprende cinco áreas de especialización:

- Conocer los recursos y la forma de utilizarlos;
- Analizar;
- Producir, operar y comunicarse;
- Desarrollar una cultura de los medios de la imagen y la tecnología de la información y las comunicaciones;
- Conducta (actuar con base en los principios éticos).

Estas áreas de especialización están representados en forma de pentágono y a su vez se subdivide en habilidades básicas y se ilustra con ejemplos. De acuerdo a la información proporcionada en el sitio, la certificación MITIC no es obligatoria para los futuros maestros de Ginebra.

ILSHE, NETS*T y BTILE

La Association of College and Research Libraries (ACRL) de Estados Unidos, y en particular, su comité de estándares (ACRL Standards Commettee), ha desarrollado un conjunto de documentos sobre la competencia informacional, entre los que se destaca el *Framework for Information Literacy in Higher Education* y el Information Literacy Competency Standards for Higher Education (ILSHE). Fuente: http:// www.ala.org/acrl/sites/ala.org.acrl/files/content/standards/standards.pdf

Este último es un documento de gran interés en el que se detallan: una definición de Information Literacy (IL) ; la relación entre IL y la Tecnología de la Información, la IL en la Educación Superior; la IL y la Pedagogía; el uso de estándares así como la evaluación de la IL y la fijación de indicadores para su medición. Fuente: http://www.ala.org/acrl/standards/informationliteracycompetency

La International Society for Technology in Education (www.iste.org) ha desarrollado el Estándar Nacional de Tecnología Educativa para Profesores (National *Educational Technology Standards for Teachers - NETS*T), En:* https://www.iste.org/docs/pdfs/20-14_ISTE_Standards-T_PDF.pdf, cuyo principal documento se basa en cinco líneas principales:

- Facilitar e inspirar el aprendizaje y la creatividad del estudiante

- Diseñar y desarrollar experiencias de aprendizaje y evaluación propios de la era digital
- Modelar el aprendizaje y el trabajo en la era digital
- Promover y modelar la ciudadanía digital y la responsabilidad
- Participar en el crecimiento profesional y el liderazgo

En 2005, Beile, P. M., presentó en la Universidad de Florida Central, su tesis doctoral, (https://digital.library.ucf.edu/cdm/ref/collection/ETD/id/2872), que contiene entre otros elementos, una implementación de los conceptos aparecidos en ILSHE y en el NETS*T, en forma de test. El Beile Test of Information Literacy for Education (Test de Beile de conocimientos de Informática para la Educación) es un instrumento para medir los conocimientos específicos de los estudiantes de grado que estudian programas de formación de profesores. Se trata de un test de selección múltiple que contiene 22 cuestiones sobre conocimientos y otras 13 de tipo demográficas.

CSP y TAIT

En el artículo: A Comparison of two computer literacy testing approaches, de Robins y Zhou, en http://iacis.org/iis/2007/Robbins_Zhou.pdf, se presenta una comparación de dos enfoques y sus correspondientes instrumentos, para la medición de conocimientos informáticos que son el *Computer Skills Placement* (CSP) test y el Prentice Hall Train & Assess IT (TAIT) testing tool. En el estudio se concluye que existe una alta correlación entre los resultados de ambos instrumentos de valoración de la competencia digital.

INCOTIC

La tesis doctoral de Esteve, F. M., (2015) de Universidad Rovira i Virgili, titulada: La competencia digital docente. Análisis de la autopercepción y evaluación del desempeño de los estudiantes universitarios de educación por medio de un entorno 3D, se propone explorar la Competencia Digital del futuro docente, y para ello, se ha diseñado y desarrollado un nuevo instrumento para la evaluación de su ejecución o desempeño, haciendo uso de las potencialidades de los entornos virtuales 3D. En: http://www.tdx. cat/bitstream/handle/10803/291441/tesis.pdf;jsessionid=0185AA73A09C7BCEBC0FCC051EB0A36A.tdx1?sequence=1

Se concluye que "Según los resultados, la mayoría de los futuros docentes disponen de un nivel alto de CD auto-percibida, y un nivel moderado de CD según su desempeño. No obstante, en las pruebas realizadas, los resultados evidencian que tienen un nivel aceptable en las habilidades digitales básicas, pero no disponen de un nivel adecuado en la aplicación didáctica de las TIC, y en las estrategias digitales necesarias para su propio desarrollo profesional.

En otro importante artículo de Esteve y Gispert (2013: Competencia Digital en la Educación Superior (Enl@ce: Revista Venezolana de Información, Tecnología y Conocimiento, 2013), en https://dialnet.unirioja.es/servlet/articulo?codigo=4772632, se hace una conceptualización sobre la Competencia Digital Docente y se analizan instrumentospara su evaluación, entre los que se destacan el Inventario de Competencias TIC (INCOTIC), el Instant Digital Competence Assessment (IDCA), el International Computer Driving License (ICDL), el apartado TIC del Programa Internacional para la Evaluación de Estudiantes (PISA), y el instrumento iSkills Assessment. Finalmente, se describe la experiencia que aparece en la tesis antes mencionada, basada en el uso y la operatividad de indicadores internacionales como los de National Educational Technology Standards (NETS) de la International Society for Technology in Education (ISTE), antes mencionados en este capítulo y que se basan en utilización de una herramienta de su propio desarrollo.

La herramienta aparece descrita en: INCOTIC: Una herramienta para la autoevaluacion diagnóstica de la competencia digital en la universidad. En: Profesorado: Revista de curriculum y formación de profesorado. Vol 15. No. 1, 2011.

ICAP

El Proyecto para la evaluación de la competencia informacional de las escuelas comunitarias del Área de la Bahía (de San Francisco) - Bay Area Community Colleges Information Competency Assessment Project (ICAP), se ha propuesto desarrollar y ensayar un instrumento de evaluación de competencias informacionales.

El instrumento denominado Information Competency Proficiency Exam (Examen sobre competencias informacionales), en http://www.gavilan.edu/library/infocomp/exam1.pdf, contiene cuatro preguntas generales sobre investigación y otras 27 sobre diversos aspectos relativos a los usos, conocimientos y habilidades digitales e informacionales.

TICI

La Conferencia de Rectores y Presidentes de Universidades de Quebec (CREPUQ) tiene una Subcomisión de bibliotecas que ha puesto en marcha una serie de medidas para que los estudiantes puedan utilizar toda la riqueza de las colecciones y los recursos de las bibliotecas, a través de diversas acciones y entre ellas, talleres y programas de formación para la acreditación documentada sobre el desarrollo de habilidades en informática.

En el documento: Compétences informationnelles: Niveau recommandeé à l´éntrée au 1er cycle universitaire, en http://www.crepuq.qc.ca/IMG/pdf/Comp-informat-niveau-recommande-2008-07-28.pdf, se presenta la Tabla de Competencias requeridas que incluyen cinco dimensiones principales:

- Precisar la información requerida;
- Acceder a la información;
- Evaluar la información;
- Explotar la información;
- Tener en cuenta las cuestiones éticas.

Una implementación de la citada tabla, fue realizada en la Universidad de Montreal en el Test de Identificación de Competencias Informacionales (TICI) que incluye modelos y test para la evaluación de las competencias a diferentes niveles. En http://mapageweb.umontreal.ca/bernh/TICI/Tindex.html

4.- Instrumento propuesto y caso de estudio

Se describe a continuación una investigación en la que se ha seguido una metodología de tipo descriptivo, de corte transversal, en la que se hace uso de una encuesta, con la finalidad de obtener datos mediante preguntas dirigidas a estudiantes de programas universitarios de formación de profesores.

Objetivos, modelo, fases e hipótesis de trabajo e instrumentos

El objetivo del estudio es conocer el nivel de dominio de competencias en TIC e informacionales de los futuros docentes. El modelo adoptado es de tipo global, comprensivo e integrador, por lo que el estudio se dirige a poblaciones objetivo de estudiantes de programas de formación de profesores para la educación infantil, primaria, secundaria y educación superior.

Las hipótesis de trabajo, se centran en particular, en que los docentes, para funcionar en el presente y en el futuro, deben dominar las TIC, para un mejor ejercicio de su docencia, y esto, redundará en una mejor formación de sus alumnos, en la calidad de los programas educativos en los que se forman, y en la educación, en general. El estudio se ha venido desarrollando en fases, en las que se han administrado los instrumentos a colectivos de los programas de formación de profesores mencionados anteriormente.

Población y muestra

La primera administración del instrumento se realizó, con una muestra de 73 sujetos de estudiantes del programa de Máster Universitario en Formación de Profesores de Secundaria (*MUFPS*), en el primer cuatrimestre del curso 2014-2015, cuyas edades en promedio, están entre los 24 y 30 años.

Instrumento

Se diseñaron y adaptaron una serie de instrumentos con el fin de obtener información sobre las competencias digitales, tecnológicas y emocionales de los profesores en formación.

El primero se orienta a la obtención de los datos sociodemográficos de la muestra con ítems como género, edad, experiencia docente, especialidad y nivel de dominio del inglés.

Los otros instrumentos y escalas utilizados para valorar el dominio de las competencias digitales y emocionales, se organizaron en un cuestionario dividido en cinco apartados, los cuales se responden principalmente con escalas tipo Likert.

El segundo instrumento empleado, se orienta al diagnóstico de las fases de preocupaciones profesionales, basado en la teoría *"Becoming a teacher"* de F. F. Fuller y O. Brown, 1975; y estudiadas por autores como Hall, George y Hord, desde 2006, que dieron lugar posteriormente, al modelo de adopción de la innovación, o CBAM, *Concerns Based Adoption Model*.

Las preocupaciones que se encuentran típicamente en los docentes, varían en su enfoque en sí mismos, en la tarea, o en su impacto; según son noveles o principiantes, en ejercicio o expertos, de acuerdo con tipologías clásicas relacionadas con el desarrollo profesional docente, como la de Berliner (1986), y encontradas en estudios anteriores realizados desde la perspectiva de las Etapas de Preocupaciones Evolutivas de los profesores, se concibe que las preocupaciones principalmente dirigidas hacia los propios profesores son características de una menor madurez docente. De esta forma, aprender a enseñar consiste en avanzar por cada una de estas fases hasta llegar a una preocupación dirigida hacia los alumnos y su impacto en su aprendizaje, Marcelo, C. (1988, 1992, 1995, 1999, 2009) y otros.

En otro instrumento se plantean preguntas introductorias relacionadas con las competencias tecnológicas para, posteriormente, cuestionar sobre lo hábil que se percibe el docente respecto al uso de las TIC, usando como base el cuestionario sobre competencias TIC en alumnos universitarios creado con base en el instrumento de Cabero y Llorente, (2010), que las clasificaron en: *Competencia Técnica (AT), Pedagógica (AP), Social (AS), de Gestión y Organización (AGE), de Comunicación con TIC (AC), de Formación profesional (ADP) y de Aplicación TIC en la universidad (AUS)*; este instrumento a su vez, está basado en los trabajos previos de Usher y Pajares (2008), en una revisión reducida y actualizada de la escala Technology Proficiency Selt-Assessment de Christensen y Knezek (1997), y de los trabajos de Smith, Caputi y Rawstorne (2007), en Cabero, J.; Llorente y Marín (2005), citados en Pech, S., (2003).

Por último, se les solicitó a los estudiantes realizar una autoevaluación del dominio de los diez principios de formación de profesores que se establecen en el InTASC.- Interstate Teacher Assesment and Support Consortium (2011).

Resultados sobre la Competencia Tecnológica Digital

Del análisis de los datos obtenidos del instrumento administrado a los estudiantes de la Universidad de Castilla-La Mancha- UCLM, campus Ciudad Real, correspondiente al curso 2014-2015 y 2015-2016, se presentan los resultados en relación con los datos demográficos, de las características de género, edad, especialidad y años de experiencia.

Entre los participantes predominan las mujeres (50,6%), mientras que los hombres constituyen un 35,6%, los restantes no declararon este dato. Según la variable edad, clasificada en cinco rangos, menos de 24, de 24 a 30 años, de 31 a 40, de 41 a 50 años y de más de 50 años; estos estudiantes del programa, se encuentran en su mayoría en el rango de edad de 24 a 30 años (71,2%), con una experiencia docente nula o casi nula (67,1%) y con un nivel de inglés predominante de B1 (32,9%). En cuanto a la especialidad predominante, se encontró que predominan los de Geografía, Historia e Historia del Arte (19,2%), mientras que aparecen en menor proporción, los de Tecnología e Informática (8,2%).

La fiabilidad de los instrumentos articulados, en una especie de batería, para este estudio, se considera buena, ya que los valores del Alfa de Cronbach rondan entre 0,86 y 0,94; la más alta la obtuvo el instrumento sobre Competencia Tecnológica y Digital. Se muestran los datos en la tabla siguiente:

Tabla 2: Fiabilidad de los instrumentos empleados.

Cuestionario	Alfa de Cronbach
Competencia tecnológica	0.94

Los resultados obtenidos en cada aspecto valorado por el Cuestionario de Autoevaluación de las Competencias Tecnológicas, Digitales e Informacionales, se expresan a continuación:

Respecto a las preguntas introductorias del cuestionario se encuentra que la mayoría de 73 estudiantes cuentan con recursos propios (86,3%), con internet en casa (78,1%); y por lo tanto, es necesario en menor medida, el empleo de las instalaciones y recursos de la universidad, sólo el 37%.

Tabla 3. Recursos tecnológicos empleados por los estudiantes.

Recursos TIC	Percent
Tiene ordenador	86,3
Tiene Internet en casa	78,1
Posee un portátil	83,6
Usa el aula de informática	37
No usa el aula de informática	46,6

Sobre la opinión de lo competente o hábil que son los estudiantes al autoevaluarse, lo hacen con un dominio moderado de la competencia tecnológica, digital e informacional, es decir, declaran no ser completamente ineficaces, pero tampoco expertos con respecto al uso las Tecnologías de la Información y Comunicación (TIC), la medias más altas de las respuestas del grupo, se encuentra principalmente, entre las opciones: "Competencia moderada" (3), en las áreas de Gestión (AGE) y Formación Profesional (ADP); y "Competente" (4), en las restantes áreas del instrumento. Ver tabla.

Tabla 4. Competencia Tecnológica, Digital e Informacional.
Escala 1-5

CTeI	DOMINIO	Nivel
1 AUS	4	COMPETENTE
2 AT	4	COMPETENTE
3 AP	4	COMPETENTE
4 AGE	3	COMP. MODERADA
5 AC	4	COMPETENTE
6 AS	4	COMPETENTE
7 ADP	3	COMP. MODERADA

Nota: Competencia Técnica (AT), Pedagógica (AP), Social (AS), de Gestión y Organización (AGE), de Comunicación con TIC (AC), de Formación profesional (ADP) y de Aplicación TIC en la universidad (AUS).

Se encuentran por supuesto, diferencias notorias en el dominio de esta competencia entre los estudiantes que pertenecen a la especialidad de Tecnología e Informática, en contraste con los de otras áreas de especialidad.

En síntesis, es evidente que la incorporación en el ámbito educativo de las competencias digital e informacional, hacen necesarias modificaciones en la actuación del profesorado que favorezcan la participación completa en la sociedad de la información en que vivimos. Cada una de dichas competencias, contribuyen al desarrollo del estudiante, se fomenta el uso de los medios de información y comunicación y dota de estrategias efectivas, con el fin de afrontar los constantes cambios de la vida cotidiana y una plena ciudadanía en la sociedad digital.

Considerando que los resultados expuestos son parte de un primer acercamiento al tema, cabe destacar que los resultados expuestos, no son únicos ni definitivos debido a que el estudio, tiene una proyección a largo plazo.

Es importante tener en cuenta el logro de todas las competencias consideradas como básicas, no solamente la competencia digital e informacional. Es innegable que la formación del profesor, debe ir acompañada de un desarrollo sano y equilibrado en materia de emociones, o sea, en competencias emocionales, como parte de los procesos cognitivos involucrados en el desarrollo de la competencia profesional, ligados al logro de estándares de formación docente para la educación ante un mundo cambiante y al currículo según las exigencias actuales.

Conclusiones

Como se puede apreciar, en el momento de escribir este trabajo, han proliferado los métodos, esquemas e instrumentos para caracterizar y medir la Competencia Digital e Informacional, tanto para estudiantes, como para profesores.

Lo más importante es el nivel de concientización de la importancia de la sistematización de estos esfuerzos. Es previsible que en los próximos años se consiga la confluencia de los criterios y especificaciones ahora dispersas, hasta convertirse en estándares.

Pero la industria y el desarrollo de la informática y las comunicaciones en su amplio espectro, siguen cambiando a más velocidad que nuestra capacidad de introducir sus avances en los planes y programas de estudio de los centros de Formación de Formadores. Seguramente, en lo que respecta a estos asuntos, no se debería seguir pensando en términos de planes rígidos que se cambian o modifican cada cierto número de años, sino con flexibilidad

Deberíamos plantarnos nuevas formas de adaptación a tales avances, de la misma forma que nosotros nos adaptamos a la tecnología que llega a nuestro alcance en forma de dispositivos, aplicaciones y cambios cualitativos en las formas de comunicarnos: casi por intuición, algo por ensayo y error y mucho de apoyo en la intensa interacción con nuestros pares. Casi nadie utiliza manuales para enterarse como usar un nuevo teléfono. Se usa y ya está. Se va asimilando por el camino en la medida que las funcionalidades se hacen necesarias. Es verdad que siempre estamos ante el paradigma de "la punta del iceberg": Llegamos a dominar solo una pequeña parte de las capacidades del equipo o del programa. Pero eso no es problema. Nos ocurre con los teléfonos móviles, los navegadores de internet o los procesadores de texto y los usamos todos los días y no sufrimos de ansiedad al saber que podríamos sacarles más provecho. Todo llegará a su tiempo. Y cada vez más, el tiempo se emplea según lo determinan las necesidades y la persona.

Referencias

Barrera, I. y Myers, R. (2011) *Estándares y evaluación docente en México: el estado del debate. Programa de Promoción de la Reforma Educativa en América Latina y el Caribe* (PREAL): Chile: PREAL.

Beile, P. M. (2005, April). *Development and validation of a standards-based instrument for assessing pre-service teachers' information literacy levels.* Paper presented at the annual meeting of the American Educational Research Association, Montreal, CA: AERA

Boletín Oficial del Estado, -BOE (2013). *Ley Orgánica 8/2013 Para la Mejora de la Calidad Educativa,* (LOMCE). España: Agencia Estatal Boletín Oficial del Estado. En: http://www.boe.es/diario_boe/txt.php?id=-BOE-A-2013-12886 (2013) Acceso 15/01/2015

Cabero, J., Llorente, M. y Marín, V. (2010). Hacia el diseño de un instrumento de diagnóstico de competencias tecnológicas del profesorado universitario. *Revista Iberoamericana de Educación.* No. 52/7, 1 – 12. En http://www.rieoei.org/deloslectores/3358Cabero.pdf (2010) Accedido el 11 de abril de 2015.

ERIC (2015). *Educational Resources Information Center.* En: http://eric. ed.gov/?qt=skills&ti=Competence / (2015) Accedido el 12-01-2015

European Parliament and the Council (2013). *Key competences for a changing world: implementation of the education and training 2010 work programme European Parliament resolution of 18 May 2010 on key competences for a changing world: implementation of the Education and Training 2010 work programme (2010/2013(INI)) Acceso:http://eur-lex.europa.eu/legal-content/EN/ TXT/?-qid=1433752067180&uri=CELEX:52010IP0164 (2014)*

Evia Ricalde, E. & Pech Campos, S. J. (2007): Modelo contextual de competencias para la formación del docente-tutor en línea. García Carrasco, J. & Seoane Pardo, A. M. (Coords.) Tutoría virtual y e-moderación en red [monográfico en línea]. *Revista Electrónica Teoría de la Educación: Educación y Cultura en la Sociedad de la Información.* Vol. 8, nº2. Universidad de

Salamanca. En http://campus.usal.es/~teoriaedu-cacion/rev_numero_08_02/n8_02_evia_pech.pdf [Fecha de consulta: 12/02/2016]. ISSN 1138-9737

Fuller, F., & Brown, O. (1975). Becoming a teacher. En Ryan, K. (Ed.), *Teacher education: Seventy– fourth yearbook of the National Society for the Study of Education*. Chicago, IL: University of Chicago Press.

George, A. A. (2015). *Concerns Based Adoption Model*. Recuperado de http://www.sedl.org/ cbam/ USA: SEDL

Hall, G. E. (2014). Evaluando los procesos de cambio. Midiendo el grado de implementación (constructos, métodos e implicaciones) *REICE. Revista Iberoamericana sobre Calidad, Eficacia y Cambio en Educación*, Vol. 12, núm. 4, septiembre, pp. 99-130. de http://www. redalyc.org/pdf/551/55131688006. pdf Accedido el 04 de febrero de 2015

Ingvarson, L. (2012). *Estándares de egreso y certificación inicial docente: la experiencia internacional. Calidad en la educación*, (38), 21-77. En: http:// www.scielo.cl/scielo. php?script=sci_arttext&pid=S0718-45652013000100010&lng=es&tlng=es. 10.4067/ S0718-45652013000100010 Acceso 16 de enero de 2015.

InTASC (2011). Council of Chief State School Officers, CCS-SO. *Interstate Teacher Assessment and Support Consortium (InTASC) Model Core Teaching Standards: A Resource for State Dialogue*. Washington, DC. En: http://www.ccsso.org/Resources/Publications/ InTASC_Model_Core_Teaching_Standards_A_

Resource_for_State_Dialogue_ (April_2011).html Accedido el 04 de febrero de 2015

Kitchenham, B. y Charters, S. (2007). *Guidelines for performing Systematic Literature Reviews in Software Engineering.* En: https://www.elsevier.com/__data/promis_misc/525444systematicreviewsguide.pdf UK: EBSE Technical Report EBSE-2007-01Consultado: 09.01.2016

Le Bortef, G.; Barzuchetti, S. y Vincent, F. (1993). *Cómo gestionar la calidad de la formación.* Barcelona: Ediciones Gestión 2000-Aedipe.

Legislación UE (2006). *Competencias clave para el aprendizaje permanente.* Recomendación 2006/962/CE del Parlamento Europeo y del Consejo, de 18 de diciembre de 2006, sobre las competencias clave para el aprendizaje permanente [Diario Oficial L 394 de 30.12.2006]. En: http://europa.eu/legislation_summaries/education_training_youth/lifelong_learning/ c11090_es.htm (2014) Accedido el 16 de enero de 2015

Marcelo García, C. (Coord.). (2009). *El profesorado principiante: Inserción a la docencia.* Barcelona: Octaedro.

(1999b). *Formación de profesores para el cambio educativo.* Barcelona: EUB.

MECD-INTEF (2013). Proyecto *"Marco Común de Competencia Digital Docente"* del Plan de Cultura Digital en la Escuela, España: MECD. Recuperado de: http://educalab.es/ documents/10180/12809/MarcoComunCompeDigiDoceV2.pdf (2013) Acceso: 15/01/2015

Navarro, O.; González, R. y Navarro, J. (2012). Competencia digital del docente como garantía de calidad de la Enseñanza. *Las competencias básicas. Competencias profesionales del docente.* pp. 1013-1021. UCLM.

OPS-OMS (2001). *Manual de Educación en Salud basada en Competencias.* Montevideo: Cinterfor.

Pech, S. (2003). *Evaluación de la actividad educativa y de la calidad de los programas formativos de profesores universitarios.* Tesis de doctorado (Inédita). España: UCM.

Regan, H., et al (1992). *El profesor. Una nueva definición... y un nuevo modelo de evaluación y actualización profesional.* España: Centro de Estudios Ramón Areces, S.A.

TALIS (2013). *Estudio Internacional sobre la Enseñanza y el Aprendizaje.* España: MEC. En http://www.mecd. gob.es/inee/Ultimos_informes/TALIS-2013.html

Zabalza (2003). *Competencias docentes del profesorado universitario: Calidad y Desarrollo Profesional.* España: Narcea.

EL DESARROLLO DE LAS COMPETENCIAS EN LA GESTIÓN DEL CONOCIMIENTO EN LAS ORGANIZACIONES

Virgilio Forte
Humboldt International University
vforte@hiuniversity.com

Para demostrar competencia, la persona debe ser capaz de poseer el conocimiento apropiado para aplicarlo al problema real. El mundo de la economía reclama la educación basada en competencias como un comportamiento disruptivo en la educación. Las competencias en gestión del conocimiento (analíticas, interpersonales y cognitivas, entre otras) se deben fomentar en modo integrado con la educación formal del individuo.

El concepto de competencia

El término competencia ha sido utilizado por varios autores para denotar la "capacidad del individuo o de la organización para actuar". Por su fuerte significado, el término competencia se usa con frecuencia en modo similar a su uso en la comunicación diaria, para abarcar un amplio rango de nuestras experiencias relacionadas con lo artesanal, con la especialización, con la inteligencia y con la resolución de problemas. Como tal, la competencia se asocia al concepto de la experiencia, que necesita aún una mejor clarificación conceptual, si se trata de explicar el propio concepto de "competencias" y cómo estas se desarrollan.

La Real Academia Española define la competencia como aptitud o idoneidad para hacer algo o para intervenir en un asunto determinado. A su vez, el diccionario Treccani (s.f.) caracteriza este concepto (*competenza*) como pericia, aptitud o idoneidad para hacer algo o para intervenir en un asunto determinado; otras definiciones aportan que la competencia puede ser: capacidad, por cultura o experiencia, de argumentar, discutir y expresar juicio sobre determinado argumento.

Estas definiciones del concepto de competencia presuponen conocimiento específico y una tarea específica. El término competencia, del latín *competentia*, significa literalmente "acuerdo" o "correspondencia". Sólo cuando hay correspondencia entre "conocimiento" y "tarea", es que podemos hablar de competencia. Así sólo tiene sentido discutir de competencia en un contexto específico o, para decirlo de otro modo, la competencia es específica del conocimiento y específica de la tarea.

Los proyectos relacionados con este tema tienen en cuenta los modelos teóricos de las competencias, la modelización, la medición y las aplicaciones prácticas. El desarrollo de las competencias se comprende como la habilitación de los individuos para aprehender conocimiento, habilidades y *know-how*, lo que les permite enfrentar adecuadamente y dar solución a los problemas que surgen en las situaciones específicas en una ocupación dada.

Para describir la calificación necesaria para los gestores del conocimiento (o trabajadores del conocimiento) a través de sus funciones, es necesario describir sus competencias principales y cualidades personales. Estas funciones estimulan a los empleados de la organización a la generación de nuevas ideas para mejorar el trabajo de la organización. Un detallado análisis de sistema evidencia las características típicas del gestor del conocimiento. El enfoque es que las relaciones sociales que surgen en el proceso de colaboración en una compañía con una dirección eficaz, sientan las bases para el desarrollo de las descripciones de los especialistas en un sistema de gestión del conocimiento.

Las competencias necesarias para participar en la actividad de gestión del conocimiento

Las figuras de la 1 a la 5 muestran una estructura de la organización de las competencias frecuentemente reconocidas en las actividades de gestión del conocimiento.

Existe un debate acerca del contraste entre el "conocimiento" y la "competencia". El conocimiento se puede normalmente aprehender a través del aprendizaje. Las competencias requieren casi siempre características y aptitudes personales, propias del individuo, que deben ser desarrolladas.

Las competencias cognitivas en el empresario, por ejemplo, pueden ser definidas como la capacidad del individuo para reconocer y explotar los bienes cognitivos y las oportunidades, para transformarlos en innovación para la ventaja competitiva. Esto requiere capacidades de pensamiento crítico, un cierto tipo de personalidad y una visión profunda del contexto.

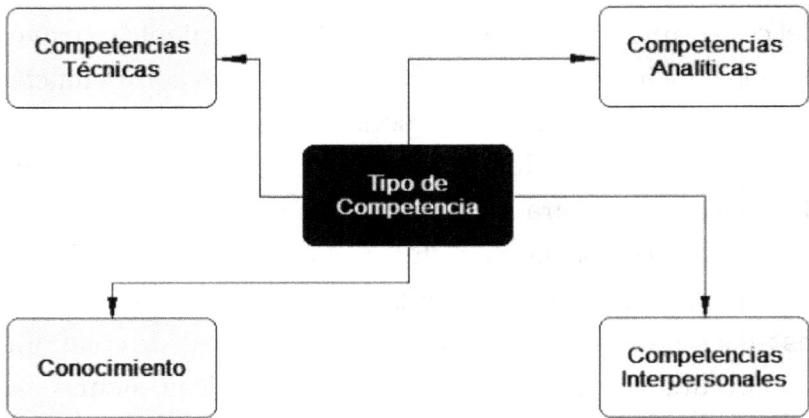

Figura 1. Tipos de competencia reconocidos en la actividad de gestión del conocimiento.

El factor organizativo más importante en el conocimiento de la organización, es el capital humano (Drucker, 1993). El capital humano es la fuente más sostenible y más inimitable de la ventaja competitiva. El capital humano consiste de las competencias, de las capacidades y del conocimiento e información que poseen los trabajadores de la organización. El capital humano puede definirse como la medida y calidad de mercados laborales amplios, pero también como la integración de las competencias en las organizaciones. El capital humano crea las ideas que constituyen la base más fuerte de la innovación. El rol del capital humano, cuya valoración que mejor lo identifica es la de sus competencias, no está limitado solamente a la generación de ideas, sino que su rol es también importante en la ejecución de la idea diferenciante para el perfeccionamiento de los productos y servicios a los clientes.

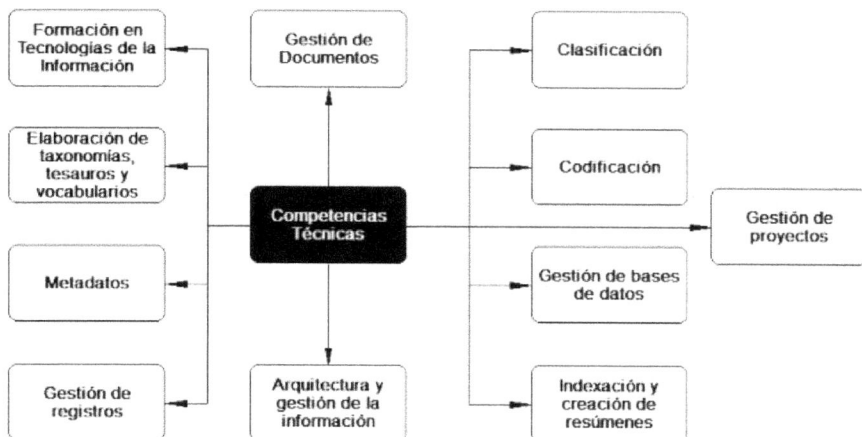

Figura 2. Competencias técnicas, normalmente desarrollables por vía del aprendizaje.

Es reconocido que la creación de valor depende de la idea y de la información. Las organizaciones deben conocer el tipo y nivel de capital humano de la organización. En contextos altamente dinámicos y competitivos, el conocimiento y la pericia colectivos de los empleados debe ser utilizado en modo efectivo y eficiente, en modo que se pueda crear beneficios económicos óptimos. No es sólo importante descubrir el capital humano competente en la organización, sino también crear un contexto para desarrollar y utilizar el capital humano competente. Si las organizaciones tienen este tipo de cultura y contexto de apoyo, este tipo de capital humano producirá mayor valor económico.

La característica más importante del conocimiento es su condición de tácito, que es la pericia humana, capacidades y competencias que existen en la mente humana, no siempre a través de la formación, no siempre generalizables.

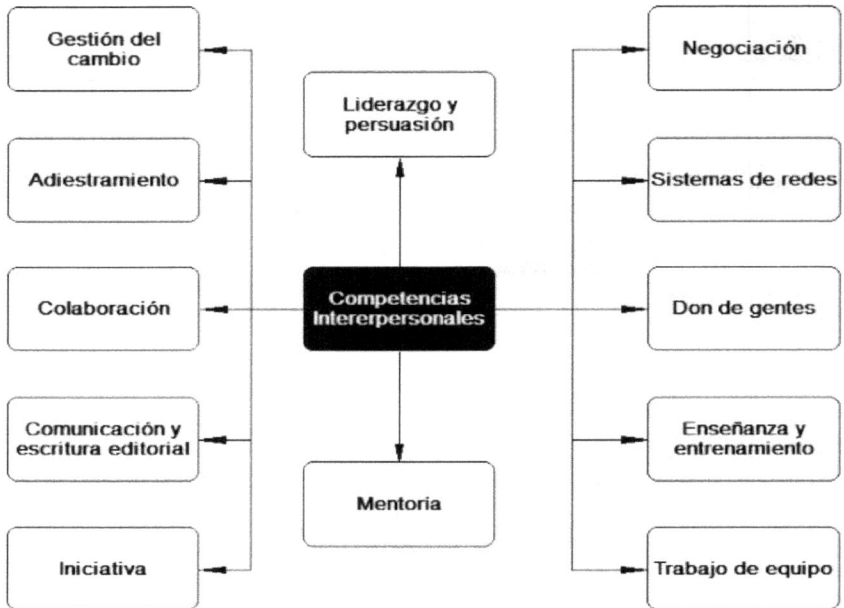

Figura 3. Competencias interpersonales, muy relacionadas con las aptitudes del individuo.

Figura 4. Competencias analíticas, muy relacionadas con las aptitudes del individuo

Política interna de la organización		Inteligencia para los negocios
Procesos de la organización	**Conocimiento**	Tendencias y desarrollos en el sector
Estrategia y metas de la organización		Principios y procedimientos del aprendizaje org.
Cultura de la organización	Técnicas y procedimientos de la compartición	Principios y prácticas de la GC

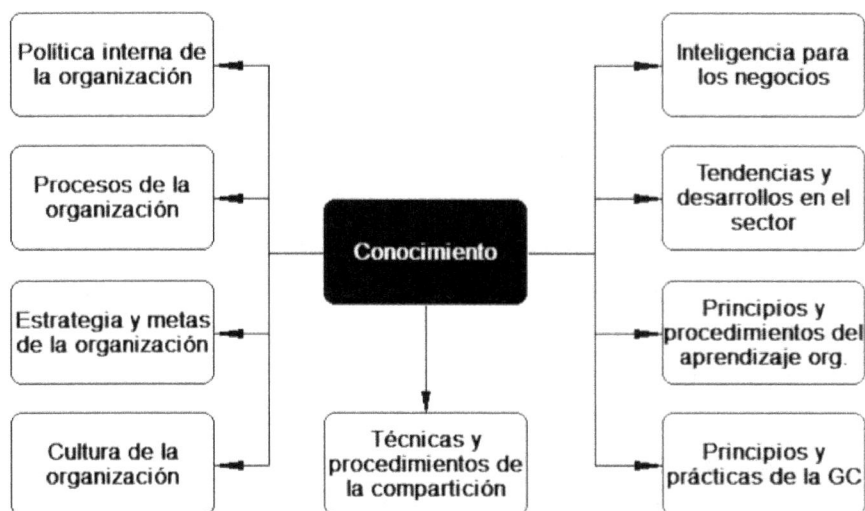

Figura 5. Competencias cognitivas, base de todas las competencias, que normalmente es posible desarrollar a través de alguna forma de aprendizaje.

La ventaja competitiva de una firma es su razón de ser. Por ello, la comprensión de los fundamentos de la ventaja competitiva es el núcleo del campo de la dirección. Aunque la idea de que las competencias constituyen la base de la ventaja competitiva sostenible es central, no existe una investigación suficientemente amplia acerca de la verdadera naturaleza de las competencias en la literatura acerca de la dirección. Para esta comprensión, es necesario aplicar las teorías de la sociología del conocimiento, para aumentar la perspectiva basada en los recursos en general en una perspectiva coherente de las competencias. La perspectiva emergente basada en las competencias de la organización, tiene importantes implicaciones para la dirección estratégica en general y para la gestión del personal en particular.

La amenaza principal acerca de la erosión de la ventaja competitiva es la imitación. Aunque la identificación y desarrollo de los recursos latentes, tales como la competencia, son importantes en la dirección estratégica, queda abierta la pregunta de *cómo* la ventaja competitiva viene erosionada a través de la imitación.

El punto de partida es el conocimiento, y la unidad relevante de análisis es la perspectiva basada en las competencias, es el individuo.

El conocimiento difiere de estos tipos de recursos en muchos modos; toma muchas formas y contornos en un determinado momento en el tiempo, y puede ser dinámico, es difícil de captar teóricamente, y es la base fundamental para la formación de las competencias.

De todos modos, esta perspectiva no es suficiente para explicar cómo es que lo más importante de las competencias de la organización puede constituir la ventaja competitiva sostenible. Considerando que las competencias constituyen el componente más importante en el desarrollo de la ventaja competitiva, se considera que los directores de recursos humanos deben involucrarse activamente en los procesos de creación de las estrategias en la organización.

Una estrategia profunda de competitividad, comprende el descubrimiento de fuentes potenciales de conocimiento en la organización, así como la tematización del conocimiento competitivamente superior que necesita ser fomentado en el futuro.

La configuración de las competencias. Las competencias imitables y las inimitables

Hay capacidades únicas (o muy difíciles de copiar) que constituyen tipos particulares de competencia. Estos tipos de competencia los conocemos como competencias distintivas, valores invisibles, competencias fundamentales, capacidades fundamentales, acumulación de capacidades y habilidades, conocimiento incluido, capacidad de absorción, capacidades subyacentes, combinaciones únicas de experiencias de la actividad y cultura de la organización.

Mientras más fuertes sean las barreras a la imitación, más lentamente los competidores imitarán la ventaja competitiva. De ahí, resulta evidente que esta posibilidad es quizás el aspecto más crítico, no sólo en la perspectiva basada en los recursos, sino dentro del diálogo completo acerca de la dirección estratégica. Para entrar en el obviamente ambiguo y relativamente inexplorado mundo de las competencias, es necesario combinar las teorías de la dirección estratégica y de la sociología del conocimiento.

El hecho de que las competencias sean imitables es un arma de doble filo. No queremos que nuestras competencias sean imitadas, pero al mismo tiempo es imposible impedirlo totalmente, ya que otro medio de desarrollar competencias para nuestra propia organización, es la imitación, tanto a nivel individual como al nivel de la organización, de "aquello que otorga la ventaja competitiva a nuestro competidor en el mercado".

De ahí que la imitación es otro modo de desarrollar competencias, a veces con la recreación del conocimiento tácito por parte de personas con la aptitud necesaria y suficiente, recreando el modo y contexto en que fueron originalmente desarrolladas.

Las competencias y las estrategias de la organización

Las competencias se definen también como "la capacidad de las personas de poner en práctica los propios conocimientos y los conocimientos constitutivos del conocimiento empresarial en condiciones de trabajo y con las limitaciones dadas: el puesto de trabajo, un rol determinado, una misión específica" (Grundstein, 2002). Así, la competencia se verifica en la acción: es un proceso que, más allá de los conocimientos y el saber hacer (know how), hace un llamamiento a los comportamientos de las personas, a su saber ser y a su saber estar, por sus actitudes éticas.

De manera sintética, se puede decir que el concepto de competencia en la estrategia hace referencia a un proceso colectivo de creación y desarrollo de conocimientos y de *know-how*, y de su diseminación en la organización. La competencia en la estrategia tiene una dimensión tácita importante, ya que las competencias básicas no son fácilmente formalizables, y resultan de un aprendizaje colectivo fuertemente influenciado por el contexto social (la socialización como medio de transferencia de conocimiento tácito, según el modelo de Nonaka & Takeuchi (1995).

De ahí, inferimos que la imitación es otro modo de desarrollar competencias, a veces con la recreación del conocimiento tácito, por parte de las personas con la idéntica aptitud, a veces con la recreación del modo y el contexto en el cual fueron originalmente desarrolladas.

Las competencias
y la gestión del conocimiento

El desarrollo de las competencias es uno de los grandes problemas de la perspectiva de la gestión del conocimiento. La gestión del conocimiento es un concepto de contornos imprecisos. Existen diferentes enfoques culturales para abordar la gestión del conocimiento, y cada uno se concentrará en una dimensión específica (tecnológica, organizativa, social, psicológica, etc.). Esta confusión es exacerbada por la existencia de una amplia literatura de mercadeo resultante de la heterogeneidad de la oferta (proveedores de soluciones informáticas, consultores en estrategia, psicología del trabajo, etc.) que quieren posicionarse en un mercado realmente prometedor.

Para las necesidades de este trabajo, se propone la siguiente definición: "La gestión del conocimiento es la gestión planificada, sistemática y continua de los bienes cognitivos de una organización, con el propósito de crear valor para satisfacer sus necesidades tácticas y estratégicas; la gestión del conocimiento consiste de iniciativas, procesos, estrategias y sistemas que sostienen y enriquecen el almacenamiento, la valoración, la compartición, la refinación, la adquisición, la renovación, la reutilización y la creación del conocimiento, para lograr la innovación y la consiguiente ventaja competitiva". Dentro de casi cualesquiera definiciones del concepto de gestión del conocimiento, pasa inadvertido un detalle que le es central: La gestión del conocimiento es acerca de personas, de personas y de sus competencias, que hemos evidenciado en las primeras figuras de este trabajo. Hay algún consenso en que en la actividad de gestión del conocimiento se atribuye aproximadamente un 80% a la actividad humana y un 20% a la tecnología. El reverso de esta medalla es que es punto menos que imposible la realización de esta actividad sin el empleo de los recursos tecnológicos. Los sistemas de gestión del conocimiento tienen aún un aspecto más estratégico, son sistemas de aprendizaje organizativo, en los cuales la organización aprende a través de sus trabajadores. Estas evidencias dan énfasis al rol de las competencias humanas en la ejecución de las actividades inherentes a la gestión del conocimiento. Esta definición ampliada permite comprender las finalidades de la gestión del conocimiento.

Uno de los objetivos primordiales de la gestión del conocimiento es la captación del conocimiento tácito, que se encuentra a la base de muchas competencias, que son estrictamente individuales, ya que este tipo de conocimiento puede ser integrado por el individuo solo a condición de poseer determinadas características fisiológicas o mentales muy especificas. Cuando el conocimiento implícito (aquel que no ha sido descrito o formalizado en su relación con conceptos conocidos) resiste los esfuerzos para hacerlo explícito (representable y transmisible), empezamos a considerarlo "tácito".

En otros casos, se trata de formalizar un *know-how* (a manudo considerado conocimiento tácito) poseído por un empleado. Es el aporte de la modelización de los conocimientos. Uno de los corolarios conceptuales de la gestión del conocimiento, es que el conocimiento tácito es muy difícil sino imposible de formalizar o modelar. En gran medida, el conocimiento implícito puede sufrir de la misma característica.

Este procedimiento se aplica a menudo a expertos que se jubilan o a probables deserciones de la fuerza de trabajo, y permite transmitir sus conocimientos a su relevo, y también a las nuevas incorporaciones. La constitución de equipos de trabajo puede también beneficiarse del aporte de la gestión del conocimiento. Con la realización de guías de expertos, se puede identificar las competencias adecuadas para los equipos de proyectos.

Uno de los flujos más prometedores en la gestión del conocimiento actualmente, es el de las "comunidades de práctica". Constituyen un lugar privilegiado para el desarrollo de competencias, para la creación de nuevos conocimientos y para su diseminación.

La valorización del capital inmaterial

Es en este nivel que el desarrollo de las competencias aparece como desafío de los proyectos de gestión del conocimiento. Las acciones realizadas hasta el momento son diversas, y queremos citar algunas. En general, se trata de identificar una competencia fundamental para la empresa que la hace vulnerable frente a las personas que la poseen (empleados, contratistas, consultores, etc.). Es el aporte de los métodos de rastreo de los conocimientos teóricos y prácticos aplicados a los procesos.

La formación es la mejor manera para la adquisición de conocimientos que constituyen la base de las competencias individuales y colectivas de la organización. Asistimos desde hace algunos años a grandes cambios en las necesidades de formación. Entre los fenómenos más importantes está probablemente "el aprendizaje o formación a lo largo de toda la vida", que constituye el mayor desafío. Esta situación crea nuevos requerimientos por parte de los trabajadores deseosos de mejorar su empleabilidad y por otra parte las empresas que quieren desarrollar las competencias básicas que constituyen la base de sus ventajas competitivas. El e-learning se presenta en este caso como un medio de racionalización de la formación y del desarrollo de competencia en base de los beneficios que éste ofrece.

La convergencia de la gestión del conocimiento y el e-learning: Los factores determinantes

Tras exponer los desafíos de la gestión del conocimiento y el e-Learning, concentrando la atención en su influencia en el desarrollo de competencias, es importante utilizar una presentación más amplia para analizar este rol y situarlo en el seno de otras prácticas y en el seno de otras prácticas administrativas.

Obviemos el hecho de que muchas definiciones de ambas actividades proponen que tanto la gestión del conocimiento como el e-learning son prácticamente cualquier cosa, para aceptar que la confluencia de ambas actividades debe considerar las siguientes capacidades: 1) Conectar las personas en modos que permitan constituir comunidades de aprendizaje. 2) Sostener las comunidades de aprendizaje (y por consiguiente de investigación, de búsqueda, de exploración y de sondeo) en la creación de objetos cognitivos. 3) Conectar estos objetos cognitivos en módulos de aprendizaje electrónico. 4) Crear la pericia y los perfiles de aprendizaje de la comunidad. El e-learning se convierte así en una red de conocimiento, que es uno de los postulados principales de la gestión del conocimiento.

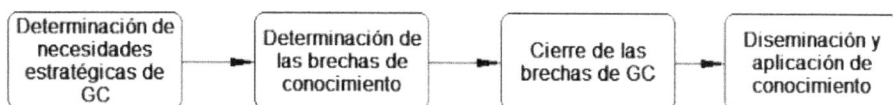

```
Determinación de    Determinación de                      Diseminación y
necesidades    →    las brechas de    →    Cierre de las    →    aplicación de
estratégicas de     conocimiento          brechas de GC         conocimiento
GC
```

Figura 6. Cadena de valor de la gestión del conocimiento.

```
Evaluar y preparar    Diseño del      Diseño de la       Implementación del
la prontitud     →    contenido    →   presentación   →   e-learning
organizativa          apropiado       adecuada
```

Figura 7. Cadena de valor del e-learning.

Nunca antes los recursos humanos y las actividades de entrenamiento han estado tan cerca de la finalidad común del desarrollo profesional de los empleados, como a través de la integración del sistema de gestión del conocimiento con la plataforma de e-learning, en un recurso único de comunicación y entrenamiento siempre disponible.

Como hemos visto al inicio de este documento, hay competencias que es posible desarrollar por casi cualquier persona, otras sólo por aquellos que poseen determinadas aptitudes.

Señalamos en esta tipología los procesos de desarrollo de competencias propuesta por Wittorski, (1998).

La figura 8 presenta los cinco procesos siguientes:

La primera vía de desarrollo de las competencias corresponde al modelo de la capacitación en el trabajo: las situaciones profesionales nuevas exigen del individuo el aprendizaje por tanteo (prueba y error) de nuevas competencias durante la acción: se trata de una *"lógica de la acción"*.

La segunda vía de desarrollo de competencias se refiere al esquema de la formación alternada: hay una iteración entre la transmisión de conocimientos teóricos en el aula y la creación de conocimientos en la actividad: se trata de una *"lógica de la reflexión y de la acción"*.

La tercera vía de desarrollo de las competencias corresponde a las situaciones de análisis de las prácticas aplicadas en la empresa o en un organismo de formación. Se trata de formalizar las competencias implícitas resultantes de la acción (primera vía) y así convertirlas en saberes de acción de la primera vía (en la cual las competencias se expresan en palabras y así son transformadas en conocimientos comunicables validados por el grupo, se convierten así en transmisibles a otros): Se trata de una *"lógica de reflexión sobre la acción"*.

La cuarta vía de desarrollo de las competencias corresponde a las situaciones de definición anticipada de nuevas prácticas por los trabajadores, por ejemplo en el seno de grupos de desarrollo o de resolución de problemas. Los trabajadores definirán por anticipado las nuevas prácticas en relación con criterios de calidad, de productividad, que pondrán en práctica luego de vuelta al trabajo: se trata de una *"lógica de reflexión para la acción"*.

La quinta vía de desarrollo de competencias es aquella en la cual los conocimientos teóricos aprendidos a través de la formación son integrados en conocimientos por los individuos y sustentan las capacidades que adoptarán la forma de competencias diferentes, según las situaciones encontradas. Nos encontramos aquí la hipótesis dominante sobre la cual se basa la formación inicial sin alternación: la formación transmite el saber que se supone se utilice en la actividad práctica en forma de competencia cuando las personas se encuentren en situaciones profesionales: se trata de una *"lógica de la integración / asimilación"*. Nos planteamos entonces la imprecisa cuestión de la transferencia a la práctica: ¿Cómo es que estos conocimientos se aplican en la práctica?

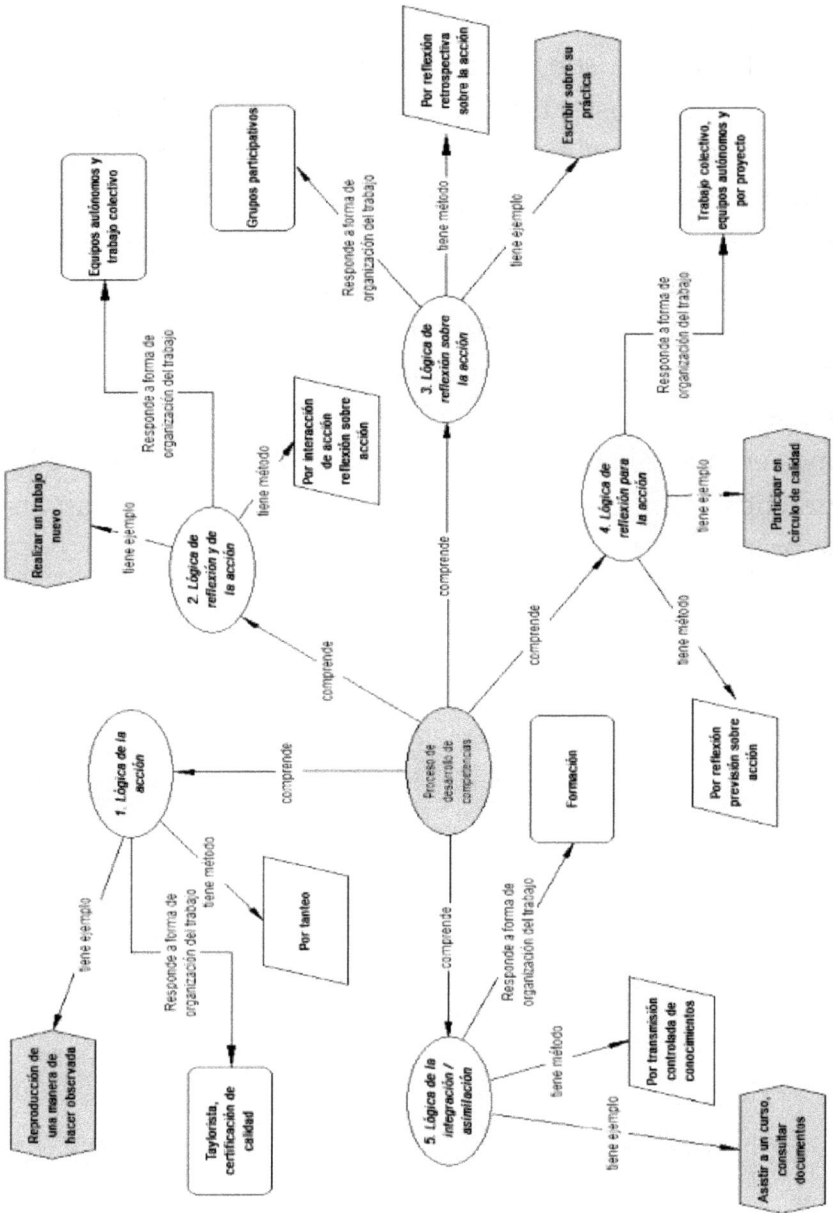

Figura 8. La tipología de los procesos de desarrollo de competencias.

A veces el desarrollo de competencias específicas requiere el aprendizaje de conocimiento precedente o desaprender "lecciones aprendidas", transformar la comprensión actual de algún fenómeno para aplicarla nuevas situaciones.

La gestión del conocimiento, el desarrollo de las competencias organizativas y la certificación de calidad según la norma ISO 9001

La gestión del conocimiento y las competencias de la organización han sido ya reconocidas por el estándar global que califica las organizaciones en el área de calidad, la norma da calidad ISO 9001, que en su edición de 2015 plantea que la GC tiene un rol en la consecución de las competencias de la organización, estipulando que determinados departamentos deben diseñar procesos que aseguren que el conocimiento necesario, bien diferenciado conceptualmente de la información, requerido para desarrollar las capacidades y competencias, esté disponible. Como refiere la APB Consultant, una sociedad de consultoría, la cláusula 7.1.6 Gestión del Conocimiento estipula: "…determinar el conocimiento necesario para la operación de sus procesos y para lograr la conformidad de productos y servicios". "Este conocimiento deberá ser mantenido y accesible según sea necesario". "Cuando se refiere a cambios en las necesidades y tendencias, la organización deberá considerar el conocimiento actual y determinará cómo adquirir o lograr el acceso a conocimiento adicional, así como las actualizaciones requeridas". Aunque la cláusula 7.1.6 refiere específicamente a la gestión del conocimiento, hay otras cláusulas que pueden afectar a la gestión del conocimiento y a sus actividades de apoyo. La clausula 7.2, por ejemplo, trata de competencias organizativas, y requiere que la organización se asegure de que el personal tenga la competencia necesaria para desempeñar sus funciones.

Conclusiones

La pregunta surge espontáneamente: ¿Cuál es la importancia del desarrollo de competencias en la organización?

La capacidad competitiva y el valor de una organización se identifican en sus competencias fundamentales. Es la integración y balance de las competencias fundamentales la base de la estrategia de la organización. Este desarrollo tiene lugar de muchos modos, a veces de modo formal, a veces mediante redes informales, externas o internas. Siempre una red de competencias desarrollada a partir del aprendizaje colectivo, que tiene lugar a partir del aprendizaje individual, a veces dependiente del individuo específico.

El análisis de la red de competencias de la organización es el método sistemático más exacto hasta ahora conocido para identificar los principales creadores de valor, que a veces son comunidades informales de conocimiento que portan las competencias fundamentales de la organización.

Sea espontánea o formalmente, el capital humano constituye redes formales o informales (comunidades de práctica) que a través del aprendizaje diseminan conocimiento y desarrollan competencias, a veces de modo inconsciente.

Para el desarrollo de competencias es necesario que exista el contexto adecuado.

Es la integración de las competencias individuales la base de la estrategia de la organización. La modelización del conocimiento y de las competencias de la organización representadas por el capital humano, evidencia aspectos importantes de la ventaja competitiva de la organización.

Hay un punto en el cual se intersectan el conocimiento y la competencia y, no obstante, hemos reconocido una distinción relevante en cuanto al rol del capital humano y las condiciones individuales para el desarrollo de las competencias.

Las competencias pueden también ser imitadas, tanto a nuestro favor como a nuestro desfavor. Son muchos los recursos y estrategias utilizados para gobernar este problema a conveniencia de la organización.

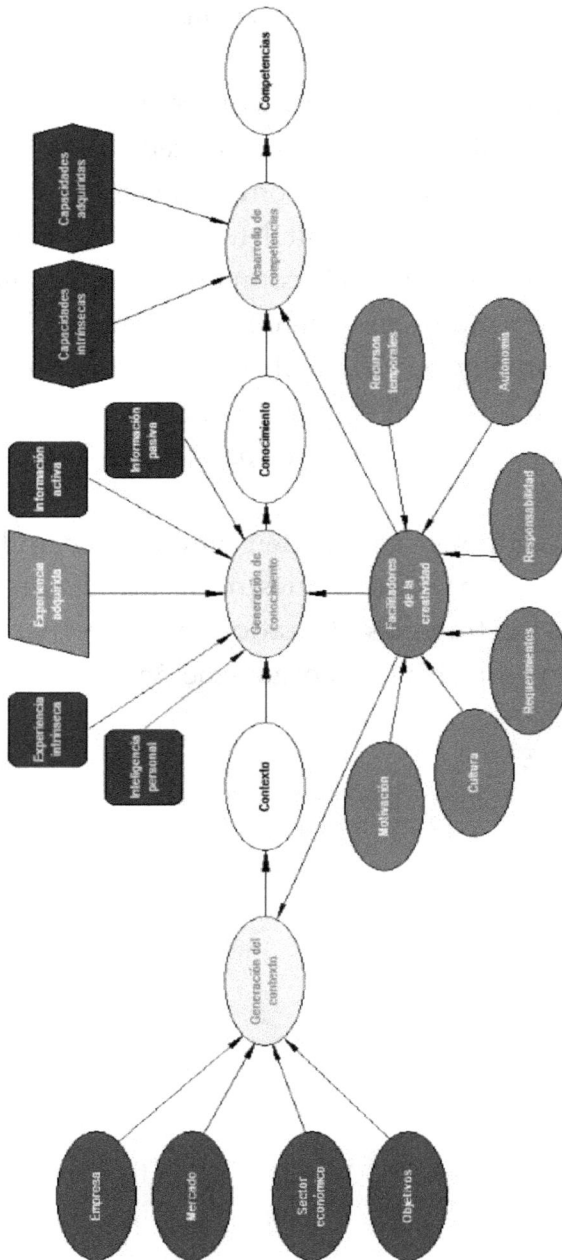

Figura 9. Resumen de la actividad de desarrollo de competencias en la gestión del conocimiento

Referencias

Abell, A. & Oxbrow, N. (2001). *Competing with knowledge: The information professional in the knowledge management age.* Library Association Publishing, London.

APB Consultant. (s.f.). ISO 9001:2015 organizational knowledge. Recuperado de http://isoconsultantpune.com/iso-90012015-organizational-knowledge/

Davenport, T.H., & Prusak, L. (1998), *Working knowledge: How organizations manage what they know,* Harvard Business School Press, Boston, MA.

Drucker, P. F. (1993). *Postcapitalist society.* NewYork: HerperCollins Publishers.

Grundstein, M. (2002). GAMETH: A process modeling approach to identify and locate crucial knowledge. Recuperado de http://michel.grundstein.pagesperso-orange.fr/News/grundstein%20KGCM08D2_GAMETH_.pdf

Knoco. (2015). Knowledge management and ISO 9001:2015. Recuperado de http://www.knoco.com/Knoco%20Newsletter%20October%202015.pdf

Lin, Y. C. & Ha, N.H. (2015). The Framework for KM Implementation in Product and Service Oriented SMEs: Evidence from Field Studies in Taiwan. *Sustainability,* 7(3), 2980-300. doi:10.3390/su7032980. Recuperado de http://www.mdpi.com/2071-1050/7/3/2980

Nonaka, I., & Takeuchi, H. (1995). *The knowledge creating company: how Japanese companies create the dynamics of innovation.* Oxford University Press, Oxford.

Omotayo, F. O. (2015). Knowledge Management as an important tool in Organisational Management: A Review of Literature. *Library Philosophy and Practice*. Paper 1238. Recuperado de http://digitalcommons.unl.edu/cgi/viewcontent.cgi?article=3330&context=libphilprac

Quality Gurus. (s.f.). 7.1.6 Organizational Knowledge. Recuperado de http://www.qualitygurus.net/tiki-index.php?page=7.1.6+Organizational+knowledge

Real Academia Española. (s.f.). Competencia [Def. 2.2] Recuperado de http://dle.rae.es/?id=A0fanvT|A-0gTnnL

Treccani. (s.f.). Competenza [Def. 1.a]. Recuperado de http://www.treccani.it/vocabolario/tag/competenza/

Wittorski, R. (1998). De la fabrication des compétences. *Éducation permanente, Documentation française*, 135, 57- 69.

METODOLOGÍAS PARA EL ANÁLISIS DE INFORMACIÓN: UNA NECESIDAD DE NUESTROS DÍAS

María J. Espona
ArgIQ
mariaespona@argiq.com.ar

Resumen

Nuestros días de constante bombardeo de información hacen necesario que enfrentemos a esta situación desde una perspectiva integradora y metodológicamente consistente. También los profesionales de hoy en día, si bien están altamente capacitados poseen poco tiempo para reflexionar sobre sus sesgos cognitivos y como ellos afectan su trabajo diario.

En este capítulo mostraremos una opción para lidiar con estos problemas basada en cuatro herramientas provenientes de distintas disciplinas: método sistémico, mapeo de la literatura, calidad de información e hipótesis competitivas.

La articulación de las metodologías antes detalladas nos permite comenzar a trabajar en la identificación de un problema para finalizar con un análisis de las posibles hipótesis que se desprenden.

Este desarrollo teórico forma parte de la oferta académica de la Universidad Humboldt.

Palabras clave: información, sesgos cognitivos, metodologías de investigación, calidad de información, integración metodológica

1.- Introducción

En nuestros días de constante flujo de información hacen necesario que enfrentemos a esta situación desde una perspectiva integradora y metodológicamente consistente. No es solo un tema de cantidad de información, sino también de su calidad y de cómo evaluarla para poder luego utilizar el material en una investigación.

Asimismo, la falta de tiempo para ponernos a reflexionar sobre nuestra perspectiva sobre el tema en el que estamos trabajando, nuestra manera de buscar la información y luego de seleccionarla hacen que nuestros trabajos presenten puntos débiles tanto para la validación de nuestros resultados como para el lector o evaluador externo.

En este capítulo mostraremos una opción para lidiar con estos problemas basada en cuatro herramientas provenientes de distintas disciplinas: método sistémico, mapeo de la literatura, calidad de información e hipótesis competitivas.

La articulación de las metodologías antes detalladas nos permite comenzar a trabajar en la identificación de un problema para finalizar con un análisis de las posibles hipótesis que se desprenden, siguiendo una secuencia lógica que permite a su vez que el lector del documento pueda seguir todo nuestro razonamiento.

Este desarrollo teórico ha sido probado en tres cursos realizados en manera presencial y semipresencial en esta Universidad. Los alumnos han expresado la utilidad no solo de las herramientas sino especialmente de su trabajo integrado, generando así una sinergia clave para la solución de problemas de investigación.

Los alumnos, cerca de 50 hasta hoy, han podido, a través de la aplicación secuencial de las distintas metodologías resolver problemas de investigación de distinta índole y grado de profundidad, utilizando siempre fuentes abiertas.

2.- Descripción de las distintas metodologías

En esta sección, presentaremos las 4 herramientas antes mencionadas a fin de introducir al lector a cada una de ellas o de refrescar su conocimiento sobre las mismas.

2.1.- Método sistémico
De los cuatro métodos que integran esta propuesta, el método sistémico, desarrollado a partir de la teoría general de los sistemas es el más antiguo y de amplia utilización en distintas disciplinas. Esta teoría tiene sus detractores y fervientes fanáticos que "ven" la realidad a través de ella.

Ludwig von Bertalanffy, padre de la teoría general de los sistemas reconoce que Aristóteles fue en realidad quien dio el primer paso en este camino con su famosa frase "el todo es más que la suma de las partes". El planteo propuesto por este científico austríaco, de tipo organicista, combinó los desarrollos que se llevaban a cabo en la primera mitad del siglo pasado sobre sistemas en distintas áreas del conocimiento.

En su libro "Teoría general de los sistemas", cuyos conceptos se describen en numerosos artículos por el escrito con posterioridad, presenta las tres premisas que conforman los ejes de su planteo:

- los sistemas existen dentro de sistemas
- los sistemas son abiertos
- las funciones de un sistema dependen de su estructura.

Asimismo, hace otro tipo de aportes que tienen que ver con el funcionamiento de estos sistemas. Por ejemplo, este autor plantea que los sistemas tienen una entrada o input ya sea de materiales, energía o información, los cuales son utilizados al interior del sistema por sus componentes mediante procesos, para luego dar un "resultado" o producto u output.

Implícitamente en el concepto antes mencionado está el tiempo: la secuencia input – proceso – output claramente señala que estamos trabajando con una visión dinámica de la realidad y sus componentes.

Pero más que continuar con presentaciones teóricas veamos dos ejemplos de áreas de conocimiento bien diferentes: la biología y la toma de decisiones estratégicas.

La aplicación de este enfoque a la biología es clara y con resultados muy interesantes, como por ejemplo el concepto de ecosistema, con sus componentes abióticos y bióticos, las cadenas tróficas, la evolución en última instancia. Hoy todos hablamos de ecología, incluyendo los conceptos antes mencionados, sin pensar siquiera, pero al mismo tiempo incluyéndolo en el pensamiento sistémico en cuanto a la composición de los sistemas y su funcionamiento.

Si profundizamos un poco, y tomando la información presentada sobre el tema por la FAO, quien cuando define al ecosistema, lo hace diciendo que "se refiere a la unidad de animales, plantas, humanos, tierra y clima relacionados entre sí y formando un conjunto en equilibrio. Cada uno de estos elementos tiene influencia sobre el otro y de sus relaciones entre sí depende el equilibrio general".

Si analizamos la idea aquí presentada vemos que menciona a los distintos componentes y sus relaciones y también habla de un equilibrio o homeostasis, una de las propiedades emergentes de los sistemas.

En el mismo documento presentan un ejemplo sobre los ecosistemas en el Trópico de Cochabamba donde "los animales silvestres son un recurso importante de subsistencia para la gente, pero hay otros que son dañinos para los cultivos (loros, ratones) o para el ganado (jaguar). Los hombres influyen directamente sobre estos animales silvestres a través de la cacería. Los humanos, como los animales, dependen de las mismas lluvias, del mismo río y de las mismas plantas comestibles del monte".

Luego enuncia que "lo importante es que la definición misma del ecosistema se basa en la interdependencia de sus componentes (fauna, monte, suelo, agua, aire, humanos) y en el equilibrio que entre ellos se pueda mantener. En todos los ecosistemas podemos encontrar cuatro componentes básicos que interactúan poniendo en funcionamiento todo el sistema y son:

- El medio ambiente abiótico. Aquí pertenecen el agua, las sales minerales, el oxígeno, el dióxido de carbono, la materia orgánica, la radiación (luz y calor) y las condiciones de altura y relieve del lugar de vida.
- Los productores. Estos son los organismos que sintetizan (forman o producen) materia orgánica viva a partir de materia inorgánica. En el agua, los productores más importantes son algas microscópicas, mientras que en la tierra plantas superiores. La materia sintetizada sirve de alimento para los demás componentes del ecosistema.
- Los consumidores. Son aquellos organismos que utilizan la materia producida por las plantas verdes. A este grupo pertenecen los animales y el hombre.
- Los degradadores o reductores. Transforman la materia orgánica que proviene de las plantas o animales muertos o partes de estos, en moléculas químicas simples, principalmente el agua, dióxido de carbono y minerales, reincorporándolas en la parte abiótica del sistema.

Así, con los elementos inorgánicos que existen en el medio ambiente abiótico, los productores generan materia orgánica que a su vez es consumida por los consumidores que son especialmente los animales y finalmente los degradadores se encargan de reducir las plantas o animales muertos en moléculas químicas como agua y otras".

El ejemplo aquí presentado nos muestra como un desarrollo teórico de una temática específica incluye los conceptos del pensamiento sistémico, aplica sus conceptos y los desarrolla aun sin mencionarlos. Esta situación nos muestra cuan interiorizado está este tipo de enfoque en la investigación científica.

Otra aplicación del Método Sistémico la podemos encontrar en el proceso de toma de decisiones a nivel estratégico, considerando que una decisión estratégica surge de una actividad mental que demanda mucha creatividad y que se desarrolla en un ámbito de mucha incertidumbre y desestructuración·

Todo el proceso de toma de decisión es el SISTEMA propiamente dicho. El output está reflejado en las acciones o hechos, y el input por la permanente alimentación de los objetivos políticos (casos inalterables) de la organización en cuestión además de la también permanente actualización de la realidad, entorno, contexto, etc. surgida del análisis de la información disponible.

El método sistémico nos permite ordenar el cúmulo de información disponible e ir conduciendo la elaboración de la situación estratégica (o contexto, o escenario, o entrono) en el cual interactúan los actores y partir de allí encadenar las etapas de un procedimiento que transcurrirá en diferentes etapas. Una de elaboración del escenario actual, de definición del conflicto en el que me encuentro. La siguiente es la elaboración del, o de los escenarios, a futuro, de los cuales uno de ellos, el escenario deseable, es el que se plasmará en una política. Y el siguiente es el diseño de la estrategia a desarrollar que derivará en acciones u hechos.

A partir de aquí comienza el llamado proceso de retroalimentación o feedback, exactamente como en la teoría sistémica, y en particular a partir de David Easton aplicándolo a los sistemas políticos dentro de los cuales encontramos a la estrategia. Ese feedback analiza los resultados, en función del impacto de nuestras acciones sobre los otros actores y sugiere adecuar las maniobras estratégicas o en último caso la política.

Este método conduce u orienta el razonamiento estratégico de análisis de la información en primer término y luego de todas las etapas que mencionamos antes vuelve a analizarlas y de ser necesario actualizarlas.

Otra gran ventaja de la aplicación del método sistémico a la decisión estratégica es que permite ir de las ideas a la acción, pero también desde la acción hacia las ideas. Es decir, en un caso conducir un proceso de tomas de decisiones y en el otro sentido analizar el porqué de las acciones apreciadas. Por ejemplo, para analizar casos históricos o del pasado muy reciente.

Si ahora tratamos de poner en práctica los conceptos antes mencionados y ejemplificados, vemos que cuando tratamos de definir a los sistemas, una de las formas más comunes de hacerlo es identificándolos (y separándolos de esta manera del entorno) como conjuntos de elementos que guardan estrechas relaciones entre sí, que mantienen al sistema directa o indirectamente unido de modo más o menos estable y cuyo comportamiento integral persigue, en la mayoría de los casos, algún tipo de objetivo o fin.

En la figura 1 podemos ver un esquema conceptual del enfoque sistémico, donde se visualizan sus componentes y algo que muchas veces se olvida, la frontera.

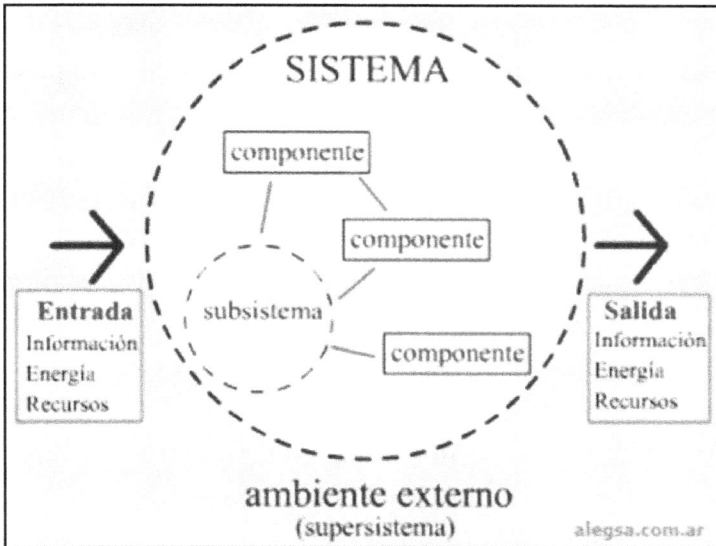

Figura 1. enfoque sistémico (Fuente: alegsa.com.ar)

Teniendo en cuenta estas ideas, podemos ver que existen dos tipos de enfoques que podemos aplicar: uno de estudio del sistema y sus componentes, considerando los procesos que en el ocurren, y otro la frontera, caracterizándola y estudiando los procesos que en ella ocurren, considerando también el ambiente circundante que contiene al sistema y que se separa o interactúa con él a través de la frontera. En el caso específico de esta articulación de metodologías, el método sistémico es clave para dar el primer paso en la identificación del problema.

Esta herramienta nos permite identificar no solo el problema que pretendemos estudiar, y separarlo de su entorno mediante la construcción de una frontera (teórica o real) sino también individualizar sus partes componentes y las relaciones entre ellas y procesos que ocurren al interior del sistema.

Este conocimiento nos permite a su vez plantear objetivos de estudio, que utilizaremos en las metodologías que siguen en esta secuencia lógica que aquí estamos presentando.

2.2- Revisión y Mapeo sistemático de la literatura

Esta herramienta proviene originariamente de las ciencias médicas, donde tanto para las empresas farmacéuticas como para los mismos médicos era fundamental poder realizar investigaciones y recopilaciones sobre la aplicación de determinado tratamiento o uso de un producto y recoger luego los datos de manera que fueran comparables y que el método de búsqueda fuera estandarizado.

Este tipo de herramienta fue tomado por la gente de ingeniería de sistemas, o sistemas en general, para elaborar estados del arte de los temas en los que estaban trabajando. Barbara Kitchencham ha sido la impulsora de este tema, mientras que la Dra. Marcela Genero Bocco del Grupo Alarcos (UCLM, España) es una de las líderes en habla hispana y se ha transformado en un referente internacional del mismo. En el libro del cual es una de las autoras, "Métodos de investigación en ingeniería del software", en el capítulo sobre revisiones sistemáticas de la literatura contamos con información detallada de cómo aplicar este procedimiento y es la materia prima para la elaboración de este apartado.

Pero antes de ir al detalle de esta herramienta es importante entender la razón de su inclusión aquí.

Cuando hacemos búsquedas, especialmente cuando se requiere una rigurosidad en la obtención y análisis de los resultados, muchas veces, solo seleccionamos un buscador, ya sea Google o alguna biblioteca virtual, ingresamos algunas palabras clave y luego pasamos a revisar los resultados. Seguimos esta secuencia de pasos casi sin pensar, pero tampoco sin registrar el proceso ni los resultados.

Esta forma de trabajo introduce mucho error, ya sea por el tiempo dedicado a la selección de las palabras clave a introducir en el buscador, o por la manera de selección de artículos obtenidos. En este último aspecto, muchas veces nuestros sesgos cognitivos hacen que elijamos en base a si nos "sirve" o no el artículo en cuestión, en otras palabras, si apoya nuestro pensamiento sobre el tema en particular y dejamos de lado aquellos que no nos gustan o dicen cosas contrarias a nuestro pensamiento.

Es aquí donde la revisión sistemática viene en nuestra ayuda, aportándonos una guía de procedimientos estandarizados, con puntos de control, que nos permite tener realizar una búsqueda estructurada y replicable.

He aquí la secuencia de trabajo, dividida en fases:

2.2.1 Fase 1: Planificación

El primer paso consiste en identificar la necesidad de una revisión: tiene que ver con la necesidad de resumir información relevante existente sobre un tema o problema de investigación. Contar con ese conjunto de información nos permite conocer el estado del arte de un tema o problema.

El segundo paso consiste en formular las preguntas de investigación: esta es la parte más importante, ya que ellas dirigirán el proceso de búsqueda. Aquí tomamos lo desarrollado en el método sistémico, cuando estudiamos nuestro problema para luego identificar qué aspectos de él vamos a estudiar, y cómo lo haremos. En otras palabras, cuando planteamos nuestros objetivos. La formulación de los objetivos como preguntas es el atajo que tomamos en la integración de estas dos primeras metodologías.

Un punto clave de esta herramienta es que cuando se hace la búsqueda, la selección de artículos o estudios primarios se realizará en base a si responden o no a las preguntas de investigación, no a si nos interesan o no y no consideramos qué tipo de respuesta dan a nuestras preguntas. Solo si lo hacen o no.

Más adelante, cuando estemos en la etapa de extracción de datos, colocaremos los artículos seleccionados en nuestra tabla y en la fase de análisis estudiaremos las respuestas que a nuestras preguntas hacen.

Una vez que tenemos las preguntas, tenemos que definir el protocolo de búsqueda, es decir, un plan formal y concreto donde se detallan cada uno de los pasos a seguir y sus características. Aquí podemos identificar los siguientes componentes de nuestra estrategia de búsqueda:

- Términos de búsqueda, términos alternativos, sinónimos; uso de OR, AND
- Fuentes a explotar: bibliotecas virtuales, revistas, conferencias, literatura gris, Google

- Criterios de inclusión y exclusión
- Criterios de calidad de cada publicación (de su contenido en relación al problema de investigación)
- Estrategia para la extracción de datos (diseño de formulario)
- Síntesis de datos extraídos (análisis de los datos del formulario en relación a las preguntas de investigación

2.2.2 Fase 2: realización de la revisión

Ahora sí hacemos el trabajo de búsqueda propiamente dicho: la identificación de la investigación relevante mediante el uso de los términos de búsqueda seleccionados y de aplicar los criterios de inclusión y exclusión, en el motor de búsqueda elegido.

En este punto cabe aclarar que esta herramienta se utiliza principalmente en bibliotecas virtuales académicas, sin embargo, en nuestra experiencia, su utilización en otros motores como Google da un resultado óptimo. Solo se debe agregar en el protocolo la cantidad de páginas de resultados a considerar, como manera de poner un límite a nuestra búsqueda.

Una vez que se hace la primera búsqueda podemos encontrarnos ya sea con muchas o pocas respuestas, hecho que puede requerir refinar o ampliar la cadena de búsqueda o recurrir a otras fuentes a fin de contar con una cantidad relevante y representativa de trabajos.

La etapa que sigue es clave y es una de las que requiere mayor atención en su ejecución. La selección de los estudios primarios mediante, primero la aplicación de los criterios de inclusión y exclusión al conjunto de artículos obtenidos y segundo, a los que quedan se los estudia de acuerdo a las preguntas de investigación (si las responden o no y a cuál y registramos también en nuestra planilla cómo lo hacen).

No siempre se hace un estudio de la calidad de los estudios seleccionados, su importancia dependerá del tema y del caso en particular. En todo caso siempre deben especificarse los criterios y su método de evaluación, ya sean cuali o cuantitativos.

Una vez que se hizo la selección de los artículos, y a medida que se van respondiendo a las preguntas de investigación, los resultados se van volcando en la planilla de extracción de datos, que ya contiene los datos específicos de cada publicación (autor, fecha, editorial, título, etc.). Luego estos resultados son analizados, ya de una manera tradicional y de ser factible se elaboran gráficos para mostrar los resultados obtenidos, presentados así de una manera más visual.

2.2.3 Fase 3: Reporte de la revisión

En esta última fase se muestran los resultados obtenidos y es fundamental explicitar claramente el procedimiento seguido, incluyendo todos los detalles posibles de nuestro trabajo. El objetivo de esta manera de presentar la información es que sea replicable por otros investigadores, quienes de esta forma validaran los resultados por nosotros obtenidos.

En el caso de nuestra integración metodológica, la realización de la revisión sistemática es fundamental para las otras dos herramientas que siguen: por un lado, es el sustento a ser evaluado en cuanto a su calidad, con la metodología de calidad de información y por otro, conforman las evidencias que luego se van a utilizar para la validación de las hipótesis en la metodología de hipótesis competitivas.

2.3. Calidad de información

La disciplina de Calidad de Información lleva algo más de dos décadas entre nosotros, de crecimiento sostenido y ampliación constante de las áreas de aplicación de esta metodología, llegando hoy a las ciencias sociales.

En primer lugar, es fundamental aclarar antes de avanzar con los detalles de esta metodología la diferencia entre los conceptos e información, entendiéndose por dato el reflejo de hechos aislados despojados de sentido e información, como datos procesados que tienen sentido debido a las relaciones establecidas con otros datos. A veces nos perdemos entre papeles y textos y olvidamos dónde y dónde se encuentra la realidad. Lo único real es el hecho, al que nosotros usualmente no tenemos acceso y utilizamos ya sea datos o información procesados por otros, desconocidos en la mayoría de los casos, para tener alguna referencia al evento ocurrido.

Este punto es de destacar, debido a que quienes transforman al hecho en dato y/o información lo hacen incluyendo en su proceso mental sus modelos mentales y a través de su percepción, con sus limitaciones y características propias (Figura 2). Estos matices, la mayoría de las veces desconocidos para los lectores, tiñen al hecho de subjetividades.

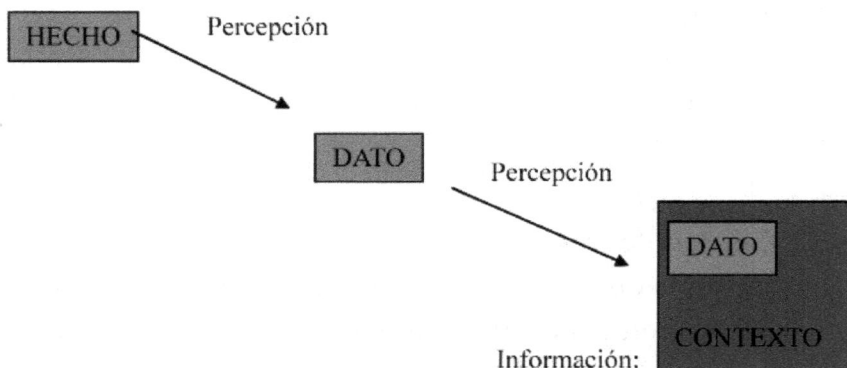

Figura 2: Relación entre hecho, dato e información (elaboración propia)

El objetivo de establecer una relación entre hecho, dato e información tiene que ver con que no podemos hablar de calidad de datos, sin saber de dónde vienen los datos o información sobre los cuales vamos a determinar o valorizar su calidad.

Asimismo, una vez que tenemos la información y la procesamos, obtenemos un producto de inteligencia que luego se transforma en conocimiento. Los datos son los ladrillos y pilares con los que construimos conocimiento y si ellos no son buenos, nuestro edificio se cae como un castillo de naipes.

Si ahora consultáramos acerca de las cualidades que debería tener la información a académicos, políticos y gente en la calle, recibiríamos distintas respuestas, entre las cuales encontraríamos: exactitud, precisión y, en algunas circunstancias, oportuna, etc.

Pero, ¿es realmente así? Tomemos ejemplos cercanos:

1- ¿Es exacta, precisa u oportuna la información utilizada para el diseño de una política para de salud para combatir el dengue? Imaginemos un escenario donde un organismo brinde datos que, por un lado, indiquen como valor a 100.000 infectados, cuando en realidad son más y, por el otro, no de información alguna sobre la distribución geográfica tanto de la enfermedad como de su vector, el mosquito.

2- ¿Fue exacta, precisa u oportuna la información que habría motivado la cancelación del despegue del Challenger? En realidad, la falla de O-rings ya era conocida.

Estos comentarios nos llevan ahora a más preguntas sobre la información y sus cualidades: ¿son suficientes la exactitud, precisión y la oportunidad? ¿Deberíamos considerar otros aspectos?

Los estudios realizados en el marco del Programa de Calidad de Información del MIT[6] (Boston, EEUU) analizan este tema y plantean la existencia de al menos 15 dimensiones o aspectos destacados de la información que condicionan su calidad.

Cabe destacar que, si bien el foco de la calidad de información pareciera estar solamente en el manejo de este insumo crítico, los procesos que ocurren en las organizaciones también la utilizan. Es decir, Calidad de Información no sólo se aplica al análisis de una problemática de la información, los datos y su calidad como elemento crítico de los procesos organizacionales, sino que también se ocupa del flujo de la información dentro de la empresa y de las decisiones tomadas.

---

6. http://mitiq.mit.edu/ (último acceso 12/5/2016)

La Calidad de Información y de Datos está recibiendo mayor atención por parte del gobierno de EEUU desde los ataques terroristas del 2001. Los medios de comunicación dieron a conocer reclamos que manifestaban que la mala información fue, al menos en parte, la responsable de la incapacidad de EEUU para prevenir los ataques o rastrear en tiempo real a los perpetradores (Fisher et al, 2006: vii).

Ejemplos de datos de pobre calidad abundan en nuestras vidas e incluyen a los ambientes industriales, gubernamentales, académicos, de salud y personales. Pierce dice: "la motivación de las organizaciones para entender y mejorar la calidad de datos y de información es más acuciante que nunca. Cada día es más frecuente que las organizaciones no mantengan contacto cara a cara con consumidores, vendedores, inspectores gubernamentales y aun con empleados" (Pierce, 2005: 265).

No hay duda de que vivimos en una era de información. El 93% de los documentos corporativos son creados electrónicamente. Cada año, billones de mails son enviados alrededor del mundo. Sino pensemos de qué manera nos comunicamos personal y profesionalmente y veremos que los mecanismos han cambiado muchísimo en los últimos años. Claramente, existe mucho más uso y dependencia de la información que antes, pero ¿qué ocurre si la calidad de la información es pobre?

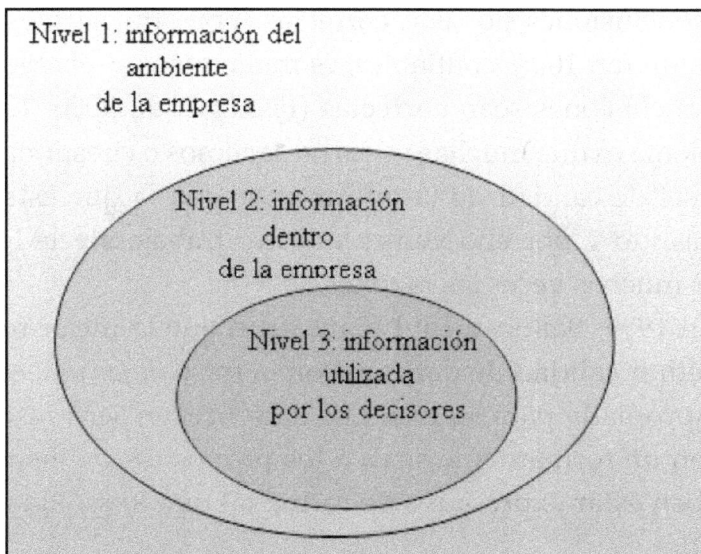

Figura 3: Trayectoria que realiza la información en su camino hacia el apoyo y la decisión (traducción de la autora de Pillkahn, 2008).

La cantidad de información disponible también es un problema, particularmente cuando ascendemos en la pirámide organizacional. A cada paso se realiza un recorte de la información provista, por ello es fundamental que sea el recorte correcto, de acuerdo a las necesidades del usuario

Es muy difícil determinar hasta qué punto una baja calidad de datos afecta al proceso de toma de decisiones y condiciona sus resultados (Chengalur-Smith, 1998). Sin embargo, sí se puede afirmar que, con datos erróneos, las decisiones que se tomen basadas en ellos serán muy probablemente equivocadas. Cuando médicos, abogados, meteorólogos y mecánicos toman decisiones basadas en información de poca calidad, existe un gran riesgo de que sus conclusiones no sean correctas. Por otra parte, si los datos fueran 100% confiables, es mucho más probable que las conclusiones sean correctas (Fisher et al, 2006: 12). El problema es que muchas veces no sabemos o cuestionamos el nivel de calidad de la información con la que estamos trabajando y por ello vemos nuestro trabajo afectado sin saber muchas veces las razones.

En 1999, Ballou y Tayi plantearon que la mejor forma de definir calidad de datos es con la frase *fit for use*, es decir, apropiada para su uso. Los datos deben ser presentados en un formato que sirva a los propósitos del usuario, y deben estar expresados de forma tal que lo pueda comprender.

Sin embargo, *fit for use* es un término relativo y varía según sea el campo, el nivel dentro de la organización, la cultura organizacional y las preferencias personales. Lo que puede ser útil para los ingenieros puede no serlo para los administradores. Las tablas que los ingenieros utilizaron para describir los problemas con los O-rings en el Challenger, hicieron poco para convencer a los ejecutivos de los peligros inherentes (Fisher y Kingma, 2001). A esto se lo denomina perspectiva del usuario y es fundamental que cuanto desarrollemos un trabajo, pensemos en quién lo va a usar, leer, es decir, no en cómo nos gusta a nosotros sino en cómo será mejor entendido.

Pasando ahora a definir Calidad de Datos, podemos decir que, casi con seguridad, el grupo mayoritario considera que la calidad está en relación a la precisión y confiabilidad en los datos, mientras que el segundo grupo considera que está relacionado con la utilidad que posea en el contexto en la que la utilizarán. Sin embargo, podemos ir más allá y desarrollar un concepto multidimensional y plástico que les permita a los usuarios adaptar los criterios de calidad a cada situación en particular.

En este sentido, el Dr. Richard Wang, co-director del programa del MIT, junto con algunos colegas, determinaron este concepto multidimensional (Wang y Strong, 1996; Wand y Wang, 1996), basándose en la información recolectada de los usuarios y no en base a desarrollos teóricos y abstractos realizados detrás de un escritorio. Encontraron que no era fácil entender qué significaba calidad de datos para sus consumidores y entonces desarrollaron un marco de referencia que captura los aspectos de calidad que son más importantes para los consumidores de datos.

Los investigadores encontraron 179 atributos de Calidad de Información. Pero como eran demasiados para hacer un trabajo operativo, aplicaron distintas técnicas de análisis estadístico, para reducir el número a 15 y luego fueron agrupadas en 4 categorías, asignando una jerarquía y aportando un marco de referencia para trabajar con calidad de datos.

En este trabajo nos dedicaremos a las categorías utilizadas en el MIT. Sin embargo, otros autores e investigadores eligen las suyas. Esta es una de las muchas ventajas de este método: al trabajar con él podemos elegir cuáles son las dimensiones importantes para nuestro trabajo y definirlas en el propio contexto.

Las categorías de agrupamiento de dimensiones que presentamos son las siguientes:

Categoría	Definición
Intrínseca	Denota que la calidad del ítem está autocontenida, es decir, que el contexto no determina la calidad. Incluye las dimensiones: credibilidad, precisión, objetividad y reputación.
Contexto	Se tiene en cuenta al contexto como algo esencial. Incluye cinco dimensiones: valor agregado, relevancia, oportunidad, completa y cantidad de datos.
Representación	Refleja la importancia de la presentación de los datos y aspectos metodológicos. Incluye las dimensiones de interpretabilidad, facilidad de comprensión, consistencia representacional y representación concisa.
Accesibilidad	Lidia con la disponibilidad de datos y sobre cómo están protegidos del uso no autorizado. Las dimensiones son accesibilidad y seguridad.

Cuadro 1: Categorías de Calidad de Datos (elaboración propia)

En algunos casos, la calidad de los datos está directamente contenida en el dato mismo, por ejemplo, si es preciso o no. Cuando la calidad del dato es directamente reconocible a partir del dato, entonces se puede decir que es intrínseca a él. En otros casos, la calidad puede ser conocida sólo en el contexto de otros datos o por la manera en que el mismo es utilizado y aplicado. El dato puede ser preciso, pero si no es recibido a tiempo o es irrelevante, no le sirve al usuario para el propósito previsto. La tercera categoría, representación, está basada en la disponibilidad directa del dato. Algunos datos son precisos, pero están codificados de tal forma que es muy difícil utilizarlos. Si éste no está presentado de una manera simple que represente algo con lo cual el usuario pueda trabajar fácilmente, entonces hay problemas representacionales. Por ejemplo, un conjunto de tablas con números, pero sin referencias a las unidades, puede tener significado para quien la hizo, pero será de poca utilidad para otro lector.

La cuarta categoría es accesibilidad. Si el usuario que necesita los datos no los puede obtener o si las personas que no deben tener acceso a los datos lo tienen, entonces hay problemas de accesibilidad.

En detalle, el significado de cada una de las dimensiones es el siguiente:

Precisión: cuán exactamente es representado el mundo real. (Davenport, T.H., 1997 y Wang y Strong, 1996).

Credibilidad: el dato puede ser preciso, pero no es útil si el usuario no cree que lo sea.

Objetividad: si intervienen opiniones personales durante el proceso de creación del dato, puede ser que algunos individuos no confíen en él como si hubiera sido construido totalmente a través de medios objetivos. Asimismo, la objetividad influye en la dimensión de credibilidad.

Reputación: con el paso del tiempo, los datos construyen una reputación que los usuarios tienen en cuenta cuando evalúan la calidad de sus bases de datos e información. Más allá de la medida exacta de precisión, la reputación de la base puede disuadir al usuario de utilizarla en su proceso de toma de decisiones.

Valor agregado: extensión en la cual el dato es beneficioso y aporta ventajas a partir de su uso.

Relevancia: se refiere al grado en el cual el dato es apropiado y útil para una tarea determinada. Es decir, la aplicabilidad de un dato para un tema en particular por un usuario en especial (Tayi y Ballou, 1998; Orr, K., 1998; Redman, T.C., 1996).

Actualidad (y oportunidad): se refiere a la edad del dato (Wang y Strong, 1996), es decir, significa que el valor registrado no está desactualizado. Esta dimensión puede variar con el decisor y la circunstancia: un planificador estratégico puede utilizar información que tenga varios años, mientras que un gerente de producción necesita tener datos dentro de la hora.

Completa: se refiere al grado en el cual los datos están presentes en la colección (Ballou y Pazer, 1995). El Dr. Wang (1996) plantea que es "la extensión en la cual los datos se encuentran con la suficiente amplitud, profundidad y alcance para la tarea a realizar". Con otras palabras, se enfoca en si todos los valores, para todas las variables, están registrados, almacenados y presentados.

Cantidad de datos: como su nombre lo indica, está especialmente relacionado con la sobrecarga de datos que puede ocurrir en un proceso y el impacto que posee debido a su tratamiento no óptimo.

Interpretabilidad: la información debe ser presentada en un lenguaje o unidades claras, lo cual incluye definiciones precisas de los términos.

Fácil de entender: si bien parece obvia, si no es planificada con un objetivo, puede no llegar a cumplirse. Esta dimensión establece que los datos deben ser claros, no ambiguos y fáciles de comprender (Wang y Strong, 1996).

Representación consistente: uso de formatos comunes de sistema en sistema y de aplicación en aplicación. Significa que los valores de los datos son los mismos en todos los casos (Ballou y Pazer, 1995; Ballou y Pazer, 2003). También implica que no hay redundancia en la base de datos. Profesionales de factores humanos han demostrado que esta dimensión es un factor clave en el diseño de sistemas (Shneiderman, 1986).

Representación concisa: en pocas palabras, sería corto y al punto.

Accesibilidad: extensión en la cual el dato está disponible o es fácil de obtener (Wang y Strong, 1996).

Seguridad de acceso: filtros para la obtención de los datos.

Categoría	Dimensión
Intrínseca	Precisión, Objetividad, Credibilidad, Reputación
De Contexto	Relevancia, con Valor agregado, Actualidad (y oportunidad), Completa, Cantidad de información
Presentación	Interpretabilidad (lenguaje y unidades), Fácil de entender, Representación concisa, Representación consistente (desde lo metodológico)
Accesibilidad	Accesibilidad, Seguridad de acceso (relacionado con oportunidad)

Cuadro 2: Categorías y Dimensiones
(traducido por la autora de Wang et al. 2005)

Esta metodología de trabajo avanza continuamente en todos los campos del conocimiento, pasando de ser una herramienta para la toma de decisión empresarial, a una de aplicación en investigaciones de distintos tipos.

La plasticidad que aporta para la selección de criterios de calidad la hace apta para distintas disciplinas de las ciencias sociales y naturales.

Las aplicaciones realizadas hasta ahora en una amplia gama de temas, de distintas disciplinas, como por ejemplo, en el estudio epidemiológico de enfermedades en América del Sur y la determinación de límites geográficos en Argentina han dado muy buenos resultados.

Finalmente, la accesibilidad y disponibilidad de esta herramienta para el mundo académico y empresarial la transforma en una opción muy interesante, en estos días de sobreabundancia de información.

En esta integración metodológica, esta herramienta se utiliza para calificar a la información obtenida en la etapa anterior, la revisión sistemática de la literatura. Puede realizarse de manera cuantitativa (valorizando a cada dimensión numéricamente en escalas de distinta extensión) o cualitativa. Esto dependerá del tipo de información con la que se trabaje y de los objetivos de la investigación.

2.4.- Hipótesis competitivas

Esta herramienta fue desarrollada por Richards J. Heuer Jr., experto de la CIA (Agencia Central de Inteligencia de EEUU), entre los años 1978 y 1986 y fue dada a conocer para la comunidad toda en su libro: "Psychology of Intelligence Analysis".

Este desarrollo fue ideado para resolver problemas complejos, donde ante un problema determinado se plantean distintas hipótesis, en un contexto de abundancia de evidencias para la verificación de cada una de ellas.

El mecanismo de operación de esta herramienta es básicamente el estudio simultáneo de todas las hipótesis posibles y relacionarlas con las evidencias existentes para clasificarlas por orden de probabilidad. Con las hipótesis se construye una matriz, donde se coloca la probabilidad estimada de correlación entre ambos elementos para luego intentar identificar, mediante las sumas de las distintas probabilidades, la hipótesis con más apoyo en las evidencias disponibles.

El autor siempre deja claro que no se trata de obtener mayor la hipótesis con mayor probabilidad de ocurrencia sino por el contrario, la que posee más apoyo en la evidencia disponible.

En el contexto de nuestro desarrollo metodológico, para la generación de hipótesis se utilizan las preguntas de investigación construidas en la revisión de la literatura (construidas a partir del método sistémico).

Las evidencias que aquí se utilizan son las identificadas en la etapa de la revisión sistemática, las cuales fueron jerarquizadas con la herramienta de calidad de información. De esta manera se obtiene una ponderación utilizando las evidencias de mejor calidad en el proceso de validación de hipótesis.

Asimismo, al utilizar como evidencias a los artículos obtenidos en la revisión logramos evitar de una manera muy importante los sesgos cognitivos que nos habrían hecho solo elegir las evidencias confirmatorias de las distintas hipótesis.

En el cuadro 3 se observa el formato de la matriz.

	Hipótesis 1	Hipótesis 2	Hipótesis 3	Hipótesis 4
Evidencia 1	+	+	-	+
Evidencia 2	+	--	--	--
Evidencia 3	+	No aplica	+	++
Evidencia 4	No aplica	++	-	++
Evidencia 5	No aplica	+	No aplica	+
Totales	3+	4+ 2-	1+ 4-	5+ 1-

Cuadro 3: Valorización de las evidencias considerando
las distintas hipótesis
(elaboración propia a partir del original de R. Heuer)

En el caso hipotético presentado en el cuadro 3 vemos que la hipótesis que posee más evidencia que la apoya es la 4. También podríamos pensar en reformular la hipótesis 3 dado el hecho que la mayoría de las evidencias no tienen relación con ella. De esta manera se procede con el estudio de las distintas hipótesis.

La última etapa consiste en tratar de sacar conclusiones tentativas sobre los resultados de la tabla elaborada. Para ello, elegimos la hipótesis que salió mejor posicionada y la estudiamos a la luz de las distintas evidencias, y lo mismo hacemos con las restantes. De esta manera se puede armar un cuadro de situación y hacer un intento de predicción sobre la ocurrencia de los eventos bajo estudio.

3.- Integración metodológica

Hasta aquí presentamos las cuatro herramientas que forman parte de esta propuesta metodológica que tiene por objetivo ayudar al investigador a trabajar en un entorno de alto volumen de información, alta incertidumbre y sesgos cognitivos.

La integración funciona de la siguiente manera:

- El método sistémico nos ayuda a enmarcar el problema de investigación y al mismo tiempo identificar los objetivos sobre los cuales pretendemos trabajar.
- Los objetivos antes elaborados, en la revisión de la literatura, son transformados en preguntas de investigación, fundamentales para la identificación de los artículos que utilizaremos como materia prima para nuestro trabajo.
- Las referencias seleccionadas en la revisión son luego jerarquizadas utilizando la herramienta de calidad de información.
- En la etapa de hipótesis competitivas utilizamos, por un lado, a las preguntas de investigación de la revisión y las transformamos en hipótesis y por otro, los artículos seleccionados en la revisión y jerarquizados con calidad de información son las evidencias para contrastar las hipótesis.

Conclusiones

La propuesta de integración metodológica aquí presentada y validada en nuestros cursos presenta una solución innovadora para lidiar con la sobreabundancia de información y los sesgos cognitivos.

Si bien las metodologías en sí misma no son innovadoras, si lo es su articulación y los resultados obtenidos mediante su aplicación.

Nuestra asociación civil ArgIQ se dedica, entre otras actividades, utilizando calidad de información como punto de partida, al desarrollo de herramientas novedosas para trabajar en nuestra desafiante era de la información.

Referencias

Arnold, Marcelo y Francisco Osorio. (1998). Introducción a los Conceptos Básicos de la Teoría General de Sistemas. Departamento de Antropología. Universidad de Chile. Ver: http://www.revistas.uchile.cl/index.php/CDM/article/viewFile/26455/27748 (último acceso, 27/7/2015)

Ballou, D. & G. Tayi (1999). Enhancing Data Quality in Data Warehouse Environments. Communications of the ACM: 42 (1), pp. 73-78.

Ballou, D.P. & H. Pazer (2003). Modeling Completeness vs Consistency in Information Decision Contexts. IEEE Transactions on Knowledge and Data Engineering: 15(1).

Ballou, D.P. & H.l. Pazer (1995). Designing Information Systems to Optimize the Accuracy-Timeliness Tradeoff. Information Systems Research: 6(1), pp. 51–72.

Chengalur-Smith, I. & H. Pazer (1998). Decision Complacency, Consensus and Consistency in the Presence of Data Quality Information. en Conference on Information Quality. Cambridge, MA.

Espona, Maria J. (2014) Calidad de Información: una nueva herramienta para la investigación. VII Congreso del

IRI, I Congreso del CoFEI, II Congreso de la FLAEI. (La Plata, Argentina)

Fisher, C., E. Lauria, I. Chengalur-Smith & Richard Y. Wang (2006) Introduction to Information Quality. MITIQ: Cambridge.

Fisher, C.W. & B.R. Kingma, (2001). Criticality of Data Quality as Exemplified in Two Disasters. Information & Management: 39(2), pp. 109–116.

Genero Bocco, Marcela, José A. Cruz-Lemus Y Mario G. Piattini Velthuis. (2014) Métodos de investigación en ingeniería del software. Ra-Ma, Madrid. Pp. 199-246.

Heuer, R. (1999). Psychology of Intelligence Analysis. Center for the Study of Intelligence: Washington. Ver: https://www.cia.gov/library/center-for-the-study-of-intelligence/csi-publications/books-and-monographs/psychology-of-intelligence-analysis/PsychofIntelNew.pdf (último acceso 03/03/2015)

Heuer, R. (2005). How Does Analysis of Competing Hypotheses (ACH) Improve Intelligence Analysis? Ver: https://www.e-education.psu.edu/drupal6/files/sgam/Heuer_ACH_H15.pdf (último acceso 27/7/2015)

Kitchencham, Barbara, Rialette Pretorius, David Budgen, Pearl Brereton, Mark Turner, Mahmood Niazi, Stephen Linkman. (2010). Guidelines for performing Systematic Literature Reviews in Software Engineering. Information and Software Technology, Vol. 52, 792-805.

Orr, K. (1998). Data Quality and Systems Theory. Communications of the ACM: 41(2), pp. 66–71.

Pierce, E.M. (2005). Introduction to Information Quality, en Information Quality, R.Y. Wang, E.M. Pierce, S.E. Madnick & C.W. Fisher., (eds.). M. E. Sharpe: Armonk.

Pillkahn, U. (2008). Using Trends and Scenarios Tools for Strategy Development: shapping the future of your enterprise. Berlin and Munich: Siemens.

Pope, Simon y Audun Jøsang. (2005). Analysis of Competing Hypotheses using Subjective Logic. 10th International Command and Control Research and Technology Symposium the future of C2 decision making and cognitive analysis. Ver: http://www.cs.umd.edu/hcil/VASTcontest06/paper126.pdf (último acceso, 27/7/2015)

Redman, T.C. (1996). Data Quality for the Information Age. Norwood, MA: Artech House, Inc.

Shneiderman, B. (1986). Designing Menu Selection Systems. Journal of the American Society for Information Science: 37(2), pp. 57–70.

Tayi, G. & D.P. Ballou (1998). Examining Data Quality. Communications of the ACM: 41(2), pp. 54–57.

Von Bertalanffy, Ludwig. (2009). Teoría General De Los Sistemas. Ver: http://suang.com.ar/web/wp-content/uploads/2009/07/tgsbertalanffy.pdf (último acceso, 27/7/2015)

Wand, Y. & R.Y. Wang (1996). Anchoring Data Quality Dimensions in Ontological Foundations. Communications of the ACM: 39(11), pp. 86–95.

Wang, R & Y. Lee. Apuntes del curso: Information Quality: Principles and Foundations [ESD.IQ1] March 21-25, 2005, MIT, Cambridge.

Wang, R.Y. & D. Strong (1996). Beyond Accuracy: What Data Quality Means to Data Consumers. Journal of Management Information Systems: 12(4), pp. 5–34.

Educación ambiental. http://www.fao.org/docrep/009/ah648s/ah648s07.htm (último acceso: 11/5/2016)

Método sistémico. Manual METODICA FAP (Manual ES-FAP) Capítulo IV. Ver: http://www.esfap.fap.mil.pe/jetpo/docsPDF/MetodoSistemico.pdf (último acceso, 27/7/2015)

Historia del Enfoque sistémico. http://www.territorio-chile.cl/modulo/web/pensamiento_sistemico/historia-del-enfoque-sistemico.pdf (último acceso, 12/5/2016).

COMPETENCIAS PARA LA CONSULTORÍA EN INTELIGENCIA COMPETITIVA

Eduardo Orozco & Anays Más
Humboldt International University | Steel Homes, LLC.
eorozco@hiuniversity.com | anays@steelhomes.us

Resumen

En el presente trabajo se enumeran y explican las competencias necesarias al profesional de inteligencia competitiva. Para ello, se aborda el concepto de inteligencia competitiva y sus diferentes enfoques, así como su papel en la organización, que se evidencia con algunos ejemplos. Se aborda el lugar de la ética en el ejercicio profesional de la inteligencia competitiva y cómo se manifiesta en la práctica de la consultoría en este campo. Para finalizar, se examinan las opciones de formación profesional en inteligencia competitiva y sus diferentes enfoques. Se incluye un glosario para facilitar la comunicación con el lector, debido a la multiplicidad de abordajes de la inteligencia competitiva en la literatura sobre el tema, según las diferencias entre autores, países y entornos de aplicación.

Palabras clave: inteligencia competitiva, competencias, ética profesional, consultor, formación.

Introducción

Cuando se describen las competencias necesarias al profesional dedicado a la inteligencia competitiva (IC en lo adelante), pareciera que son pocas las personas que las reúnen. Sin embargo, el resultado de los casos exitosos que aquí se describen brevemente y otros que solo se mencionan, demuestra que es posible lograr tales competencias. Para ello, es necesario esclarecer el concepto de IC, qué papel juega en las organizaciones y cómo fomentar las competencias en las personas, independientemente del rol que jueguen en relación con su ejecución. Es primera condición para comprender las competencias en IC, conceptualizar adecuadamente esa actividad profesional, dada la dispersión conceptual existente y ubicarla en el entorno organizacional, ya que la IC, al contrario de lo que muchos piensan, es aplicable a cualquier tipo de organización.

¿Qué se tiene en cuenta cuando se habla de IC?

Diferentes acepciones de inteligencia se encuentran en las áreas de las ciencias de la información, las ciencias gerenciales, y las estrategias político-militares.

Quien decida adentrarse en el tema de IC, ya sea para su estudio o para la aplicación de las lecciones aprendidas, verá varios adjetivos de la inteligencia, como: de negocios, estratégica, empresarial, económica, organizacional y comercial, entre otros.

A pesar de que la IC debe sus raíces a estrategias militares, como señalan Prescott (1995), Nolan (1999) y Cronin (2000), usa técnicas y visiones de muchas otras disciplinas como la dirección, la economía, la sociología, el comercio y la información.

Según Juhari y Stephens (2006), la expresión "inteligencia competitiva" aparece en la bibliografía por primera vez en 1959, utilizada por Burton H. Alden, en un libro titulado "Competitive Intelligence" (Alden, 1959), según los registros del Catálogo de la Biblioteca del Congreso de Estados Unidos, del mismo año. Posteriormente, a partir de la influencia de la informática y la aparición de la llamada "era de la información", se retoma el interés en la temática y comienzan a aparecer los trabajos de Michael E. Porter (1979), que tienen por centro la planificación estratégica y su relación con la competitividad. Más adelante, varios trabajos sientan precedente sobre IC, como los de Cronin y Davenport (1993), cuando abordaron la Inteligencia Social; Choo y Auster (1993) con el reconocimiento del entorno, y Bergeron (1996), relacionado con la gerencia de recursos de información.

El concepto de IC es multifacético y difuso. Gilad y Gilad (1988) lo presentan como proceso, función, producto o una mezcla de los tres, mientras que otras han sido las definiciones que se le han dado por Bergeron (1996), Bernhardt (1994), Choo (1998, a; 1998, b), Davenport (1997), Fahey (1999), Fuld (2000), Kennedy (1996), McGonagle y Vella (1998), Moon (2000), Pellisier y Nenzhelele (2013), Pollard (1999), Salmon y de Linares (1999), Strategic and

Competitive Intelligence Professionals (SCIP, s.f.) y Westney y Ghosdal (1994).

Los elementos comunes en estas definiciones son: (Más, 2005)

- ética y legalidad
- importancia de llegar a tiempo
- análisis, síntesis, evaluación y contextualización de información sobre el ambiente interno y externo de la organización
- ventaja competitiva
- enfoque de procesos
- utilidad de los resultados del análisis de la información para tomar decisiones estratégicas, tácticas y operativas.
- diferencia entre inteligencia e información.

Estos aspectos comunes y la complejidad bajo la cual se acometen las acciones de IC en el contexto de las organizaciones han contribuido a que los límites establecidos para cada concepto vayan perdiéndose y dependan: del alcance de los resultados para tomar alguna decisión, del tiempo para ello, del área de resultado clave que se priorice, entre otros. Por ejemplo, para todos ellos es importante:

- La gestión de la información y del conocimiento, así como la vigilancia.
- La interacción entre el contenido de los documentos resultantes del análisis de información interna y externa.

- La visión global de la organización y el seguimiento de su planificación estratégica en función de su objeto social.
- La red de inteligencia humana: los especialistas de IC, los tomadores de decisiones, los miembros de la organización y las personas externas a ella.
- La existencia de los recursos necesarios para ejecutar la IC: las personas, las fuentes de información, los métodos de trabajo y las tecnologías de información.
- La solución a los problemas mediante una combinación de estudios de los cuales se nutre la IC o que se derivan de esta como fuente de información de entrada para otros procesos, funciones o análisis.

Los programas de IC varían en cada país debido a las diferentes realidades económicas, idiosincrasia, posicionamiento de la industria en el escenario internacional y particularidades culturales. La cultura es un factor importante en este aspecto, no sólo por la forma en que la IC es vista por las organizaciones, sino también por el tipo de participación que el gobierno tiene junto a ellas. Su evolución está impulsada por las necesidades de la organización, la retroalimentación y las técnicas de mejora de la calidad. (Miller, 2002).

Papel de la IC en la organización contemporánea

El análisis de información es el proceso que enlaza la actividad humana, como fuerza generadora de conocimiento, con los productos de IC. Para su realización se requiere del dominio de las fuentes, técnicas de búsqueda y de procesamiento de la información. Puede ser considerado como el proceso fundamental para la existencia de la IC y posibilita la toma de decisiones.

Aun cuando resulte difícil clasificar anticipadamente todos los tipos de problemas que la IC puede resolver, la revisión de la bibliografía, así como la experiencia de los autores en la labor de consultoría, ha ayudado a determinar que la IC sirve para:

- Detectar cambios en: procesos internos, competidores, tecnologías y mercados.
- Detectar diferencias entre la capacidad de respuesta de la competencia y la propia.
- Detectar amenazas en: patentes, nuevos productos, alianzas y fusiones, nuevas inversiones, regulaciones, entre otros.
- Detectar nuevos socios, expertos externos o nuevos clientes.
- Decidir.

Sin embargo, se pueden encontrar barreras para su desarrollo que están relacionadas con el acceso a las fuentes de información, las personas, el uso de la tecnología y las demandas internas de un país, un sector, una organización o una persona a partir de que se conoce e identifica a la IC como una valiosa herramienta para la gestión y mejora del desempeño.

En relación con las fuentes de información, están: limitado acceso, principalmente de producción nacional u organizacional, que se publica; confiabilidad de la información que se emite; precios elevados de las bases de datos.

Por su parte, las personas pueden tener confusiones conceptuales; explotan –insuficientemente- sus capacidades para generar herramientas y aplicaciones informáticas para la IC, así como para asumir los estudios con la generación del valor agregado que estos llevan implícito.

Tanto el equipamiento, como el acceso a las redes globales, la velocidad de conexión a estas y las aplicaciones informáticas propietarias, hacen que el uso de la tecnología para aplicar la IC no sea tan efectivo ni esté al alcance de todas las personas.

Por último, la limitación fundamental en cuanto a la demanda interna de los análisis de IC está estrechamente relacionada con el desconocimiento de la alta dirección tanto de un país, como de un sector u organización sobre su existencia, comprensión de su esencia y utilidad de sus resultados para la toma de decisiones.

Sin embargo, se conocen experiencias exitosas tanto en estas como en otras más pequeñas. Prescott y Miller (2002) reunieron un conjunto de técnicas y de prácticas exitosas de IC para conquistar mercados, que así lo demuestran. Por ejemplo, dentro de las grandes empresas tomaron a: *Procter & Gamble, IBM, Motorola* y *Lexis-Nexis*; mientras que dentro de las que clasifican como pequeñas, analizaron a: *Northern Light Technology, LLC.; Ferranti-Dege, Inc.;*

Forester Research y *Texas Nameplate Company, Inc.* Un resumen de los problemas que presentaron estas empresas y la solución que dieron a estos con ayuda de la IC, se muestra en la Tabla 1.

Tabla 1. Problemas empresariales resueltos mediante el uso de IC.

Problema	Solución
Northern Light Technology, LLC.	
Necesidad de convertirse en una amenaza para los proveedores de servicios tradicionales de información en línea.	Servicios y productos con valor agregado. Desarrollo y puesta en marcha de un sistema de acceso a la información de calidad en más de 5 400 fuentes. *Benchmarking.*
Ferranti-Dege, Inc.	
Mantener el emprendimiento.	Abastece de información actualizada sobre productos y servicios a los clientes, seguimiento a los laboratorios de revelación de filmes, etc.
Forester Research	
Mantener un crecimiento acelerado.	Investigación y análisis del futuro de los avances tecnológicos y de su impacto en los negocios, los consumidores y la sociedad.
Texas Nameplate Company, Inc.	
Necesidad de incrementar las ganancias.	Compra de los productos de la competencia, examen y evaluación de los datos sobre su fabricación y calidad, investigación de los patrones de servicio.
Procter & Gamble	
Crecimiento lento y complejidad estructural debido a su alcance global (EE.UU., Europa, América Latina y Asia).	Revisión de la razón de ser de la compañía, estructura, acceso a la información, uso del conocimiento, análisis de los elementos culturales.

Problema	Solución
Motorola	
El departamento de inteligencia colectaba información que el personal de ingeniería, de ventas y de operaciones no podía obtener.	Organización de la función de inteligencia en un departamento central con cerca de 10 personas. En cada división de la compañía, de una a tres personas encargadas de intercambiar con ese departamento. Retroalimentación garantizada.
Lexis-Nexis	
Necesidad de pasar de recolectores de información a ofertantes de información y de servicios de apoyo a la toma de decisiones.	Servicios y productos con valor agregado. Servicios: monitorización, perfiles, desarrollo de planes de batalla, apoyo al desarrollo de productos, pedidos ad hoc. Productos: boletines vía correo electrónico, línea directa, intranet corporativa, etc. Beneficios: previsión y análisis de escenarios, alerta sobre movimientos competitivos, exploración de oportunidades de mercado, apoyo para alianzas y adquisiciones, reducción de riesgos financieros, funcionarios informados.
IBM	

Problema: Necesidad de estrechar sus relaciones con los clientes y conocer mejor a sus competidores.

Solución: Desarrollo de un proyecto piloto de cinco etapas:

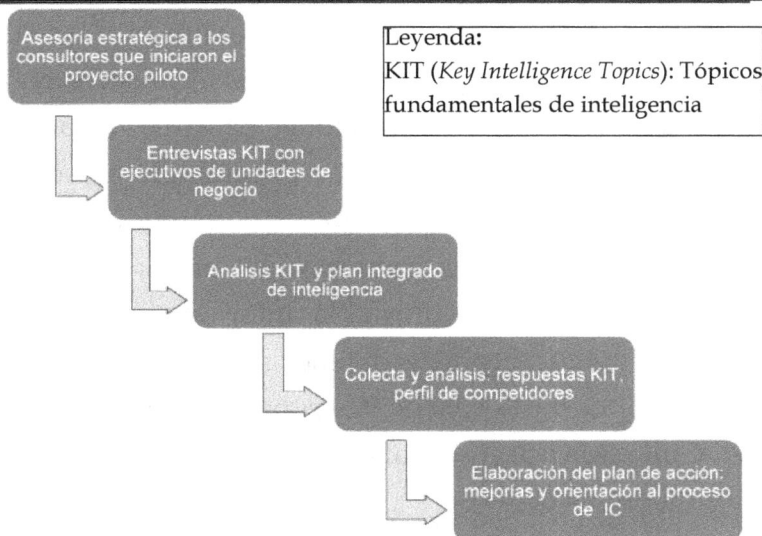

Asesoría estratégica a los consultores que iniciaron el proyecto piloto

Entrevistas KIT con ejecutivos de unidades de negocio

Análisis KIT y plan integrado de inteligencia

Colecta y análisis: respuestas KIT, perfil de competidores

Elaboración del plan de acción: mejorías y orientación al proceso de IC

Leyenda:
KIT (*Key Intelligence Topics*): Tópicos fundamentales de inteligencia

Resultados del proyecto piloto:

- Demostró la conveniencia del abordaje en equipo.
- Dio inicio a las entrevistas KIT.
- Utilizó las unidades de IC existentes.
- Creó un modelo de trabajo.

Lecciones aprendidas:

- Necesidad de un líder de inteligencia a nivel ejecutivo.
- Equipos de trabajo transfuncionales.
- Importancia de un código de ética de los consultores.
- Los ejecutivos necesitaban inteligencia estratégica y táctica.
- La IC puede formar parte de un cambio cultural.
- La IC debe ser promocionada y divulgada –intensamente- en el ambiente interno.

Con esto, Prescott y Miller (2002) demuestran que la IC no es exclusiva para las grandes empresas. Su uso es posible en cualquier entorno organizacional para dar respuesta a diferentes tipos de problemas. La experiencia personal de los autores en organizaciones pequeñas y medianas de diverso tipo, más allá de las empresas y en países con diferente nivel de desarrollo, confirma la anterior aseveración. La misma conclusión se puede obtener si se revisan los casos resueltos por consultorías de IC en países como Argentina, Brasil, Chile, Marruecos, Malasia, Rumania Sudáfrica, Turquía, y muchos otros.

La IC se ha extendido no solo en cuanto al tipo y tamaño de las organizaciones que la emplean, sino también geográficamente. Solo en Estados Unidos, la sociedad Strategic and Competitive Intelligence Professionals (SCIP, s.f.), tiene capítulos en lugares como: Atlanta, Georgia; Austin, Texas; Chicago, Illinois; Columbus, Ohio; Dallas, Texas; Hartford, Connecticut; Massachusetts; Erie, Pensilvania; Michigan; Minneapolis, Minnesota; New York; New Jersey; Filadelfia, Pensilvania; Phoenix, Arizona; Denver, Colorado; San Diego, California; Silicon Valley, California; Washington, DC. También existen capítulos de SCIP, en países como: Australia, Brasil, Canadá, China, Dinamarca, España, Estonia, Finlandia, Francia, India, Islandia, Letonia, Lituania, México, Noruega, Polonia, Portugal, Pretoria, Reino Unido, Singapur y Suecia.

El papel del profesional de IC como consultor

En el VII Encuentro de la Red Latinoamericana para la Gestión de los Recursos Humanos y Empresas Sostenibles (OIT, 2015), que se llevó a cabo en Puebla, el 12 de octubre de 2015, se abordaron las competencias en el marco de la Agenda 2030 para el Desarrollo Sostenible. Estas fueron clasificadas en tres grupos:

- Básicas: Leer, escribir, calcular, razonar, conocimiento de idiomas, aprender a aprender.
- Técnicas: Administrativas, financieras, otras; usar tecnologías digitales (TIC), procesar y analizar información específica.

- Sociales: Comprender problemas, encontrar soluciones, innovar procesos, comunicar con claridad, trabajar en equipo.

Paralelamente, el profesional de IC debe responder a los aspectos comunes que se identificaron en las definiciones de IC. Entre ellos, reconoce la diferencia que existe entre información e inteligencia, aporta análisis cuantitativos y cualitativos útiles para la toma de decisiones sobre una base ética y legal, y entiende a la organización como a un conjunto de procesos interrelacionados que busca algún tipo de ventaja competitiva.

Este mismo profesional como consultor ya lleva en sí el valor de todo el conocimiento que genera con sus valoraciones oportunas. Así, puede ayudar a otros a encontrar y/o satisfacer sus necesidades de inteligencia y en función de ello, capturar datos, obtener información y producir conocimiento nuevo que ayuda al decisor. El decisor es responsable de retroalimentar a los profesionales de IC cada vez, para lograr un proceso con mejoras continuas, tal y como se muestra en la Figura 1.

Figura 1. Proceso de IC. Elaboración propia a partir de W. Wilson y T. Powell, según *MetaManagement Communicator* (2001).

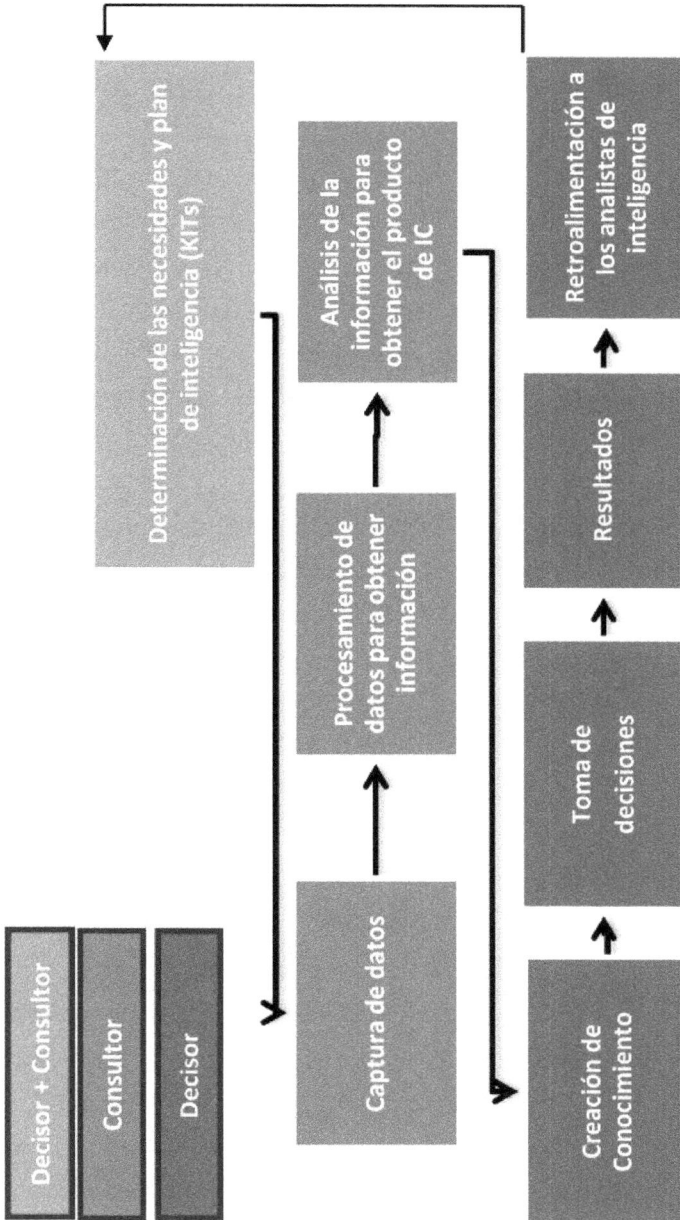

El papel de los consultores generalmente incluye lo siguiente:

a.- ayudar a la organización a asegurarse de su necesidad de inteligencia;

b.- ilustrar los conceptos concernientes a la IC;

c.- comunicarse con todo el personal pertinente, en todos los niveles, involucrándolos activamente en la solución al problema, siempre que sea necesario;

d.- asesorar y apoyar a la organización en la identificación de los procesos apropiados necesarios y definir la importancia relativa, secuencia e interacción de esos procesos;

e.- ayudar a la organización a identificar las necesidades de documentación esencial para asegurarse de la planificación, operación y control eficaz de sus procesos;

f.- evaluar la eficacia y eficiencia de los procesos para estimular a la organización en la búsqueda de oportunidades para la mejora; y

g.- ayudar a identificar las necesidades de formación para permitir a la organización hacer uso de la IC.

Como puede observarse, el profesional de IC como consultor deberá ser un fiel exponente de los tres grupos de competencias que la Organización Internacional del Trabajo (2015) enunció, destacándose: aprender a aprender, usar tecnologías, procesar y analizar información, resolver problemas, comunicar los resultados, y trabajar en equipo. De igual manera, con su quehacer deberá reflejar las competencias que están establecidas en el Euroreferencial de información y documentación (*European Council of Information Associations*, 2004) referentes a: información, tecnologías, comunicación y gestión. Así como desarrollar las aptitudes principales que el mismo material explicita: relaciones, búsqueda, análisis, comunicación, gestión y organización.

¿Qué debe saber hacer el consultor de IC?

El profesional de IC es un profesional de la información que se dedica específicamente a la creación de productos y entrega de servicios en esa área. Por ello, requiere conocimientos y habilidades vinculados tanto a las ciencias y la gestión de la información en general, como a la IC en particular. Además, son vitales ciertos atributos personales, tal como se describe a continuación.

a.- Competencias generales de las ciencias y la gestión de la información.
De acuerdo con Abels et al. (2003), los profesionales de la información son competentes para realizar labores de diferente tipo:

- La gestión de la información en las organizaciones. Realizan la gestión de la información en organizaciones de cualquier tamaño, pequeñas, medianas o grandes y que pueden ser de cualquier tipo, ya sean corporativas, educativas, públicas, privadas, gubernamentales o sin fines de lucro.
- Gestión de los recursos de información. Tienen experiencia en la gestión de los recursos de

información, lo que incluye la identificación, selección, evaluación, aseguramiento y acceso a recursos de información pertinentes. Estos profesionales reconocen en primer lugar a las personas como recurso de información clave.

- Gestión de los servicios de información. Gestionan el ciclo de información de los servicios de información, desde la fase conceptual hasta la entrega de los servicios, pasando por el diseño, desarrollo, marketing, comercialización y entrega. Algunos profesionales de la información se especializan en partes del proceso, pero deben conocer el proceso en su conjunto.

- Aplicación de las herramientas y tecnologías de información. Se conocen las tecnologías y herramientas más apropiadas para gestionar mejor la información en las organizaciones, ofrecer los mejores recursos de información y entregar los mejores servicios, tanto en relevancia como en accesibilidad y garantizar el conocimiento de los recursos de información por los usuarios, para su mejor desempeño y uso directo. En particular, conocimiento de las herramientas de búsqueda en bases de datos y manejo de los recursos de Internet en general, de modo profesional, más allá del uso común de la red.

b.- Competencias específicas de la IC.
Además de las competencias generales del profesional de la información, el profesional de la IC requiere de otras competencias, (Orozco et al., 2009) tales como:

- Manejo de las metodologías para la elaboración de los productos y servicios de IC.
- Manejo de herramientas de análisis de información, tanto cuantitativas como cualitativas, en particular paquetes de software para análisis de información.
- Preparación académica en su área de atención, especialmente los consultores en IC que laboran de modo permanente para determinada organización.
- Conocimiento del contexto y las particularidades de la organización solicitante del estudio de IC, particularmente sus productos y servicios.
- El entorno competitivo, comercial, regulatorio, social y económico de la organización de su área de atención.

c.- Atributos personales.

Adicionalmente a las competencias mencionadas, el profesional de IC debe tener ciertos atributos personales, en el plano de los valores y las aptitudes, que se podrían resumir del modo siguiente:

- Capacidad de análisis. Más allá de las herramientas de análisis de información, se trata en primer lugar de las posibilidades de integración intelectual entre los resultados de las herramientas disponibles y el conocimiento adquirido previamente mediante el estudio y la observación.
- Capacidad de observación y comunicación. Manejo de técnicas de encuestas y entrevistas. Saber

preguntar y escuchar, tener buena comunicación oral y escrita.

- Capacidad de organización. El trabajo con grandes cantidades de información requiere no solo del uso de herramientas informáticas adecuadas sino también de organización personal, manejo adecuado del tiempo y los recursos disponibles, especialmente si se trabaja en equipo.
- Curiosidad e imaginación. Las necesidades del usuario pueden variar, así como el entorno y las herramientas disponibles. La rutina es el deceso del consultor. Es necesario ser activo e innovador.
- Visión y enfoque práctico. Ambas características deben complementarse. Un estudio de IC debe resolver un problema concreto, bien enmarcado geográfica y temporalmente y de contexto específico, con enfoque y soluciones prácticas, pero debe a la vez permitir la extrapolación en tiempo.
- Disposición al riesgo. El profesional de IC busca una verdad muchas veces no esperada. El usuario puede esperar resultados diferentes de los hallazgos, por lo que es necesario estar preparados para el rechazo, la explicación y la confirmación por otros medios si fuese necesario.
- Criterio propio y actitud ética. Son atributos críticos para el ejercicio de la IC, tanto para la obtención de la información, como para su procesamiento, análisis y conclusiones, sin influencias de sesgos institucionales o personales.

El papel de la ética en el trabajo del profesional de IC

El papel de la ética en la sociedad es de importancia vital, como ha sido reconocido históricamente. En particular, el papel de la ética en la sociedad del conocimiento, ha sido tratado extensamente en publicaciones de distinto ámbito (Capurro, 2005; McGonagle, 2008; Fuld and Co., 2014), como por organizaciones internacionales y especialmente por la UNESCO. Esta organización ha realizado varios estudios y reuniones sobre el tema (Joshi, 2003, UNESCO, 2006). Especialmente, el trabajo de Stückelberger, Brown y Miller (2013), -solicitado y patrocinado por UNESCO- ha contribuido con un enfoque amplio y detallado sobre la ética en la sociedad del conocimiento. Este trabajo considera lo que los autores llaman las nueve P´s:

- Principios: Valores éticos.
- Participación: Acceso al conocimiento para todos.
- Gente (People): Comunidad, identidad, género, generación, educación.
- Profesión: La ética de las profesiones de la información.
- Privacidad: De la dignidad a la minería de datos.
- Piratería: Propiedad intelectual y ciber-crimen.
- Protección: Los niños y jóvenes.
- Política: La ética de las regulaciones y la libertad.

En esos nueve principios de la ética en la sociedad del conocimiento, los requerimientos éticos de la IC se encuentran ampliamente representados, como se verá más adelante.

En el ámbito de la IC, la ética adquiere una importancia especial, dadas las implicaciones de la expresión "inteligencia" en su vinculación con las actividades militares y políticas y el llamado espionaje industrial y económico.

¿Cómo se manifiesta la ética en la IC?

Al considerar el ciclo de la IC, muchas veces se valora que la ética se manifiesta únicamente en el proceso de captación de la información. Sin embargo, la ética debe estar presente en todos los aspectos del trabajo de IC, incluyendo los relacionados con la contratación:

- Contratación del servicio,
- precisión de los tópicos clave de inteligencia y estrategia de inteligencia,
- captación y procesamiento de los datos,
- análisis e interpretación de los resultados,
- conclusiones y propuesta de acciones,
- diseminación y
- retroalimentación.

En todos los pasos anteriores, la cultura organizacional es una influencia permanente, por lo que la ética del proceso de IC no es solo la ética de quienes realizan ese proceso, sino la ética de la organización en general.

A los efectos de garantizar el comportamiento ético de los profesionales de IC, las organizaciones que la practican, ya sean consultorías especializadas o departamentos de IC pertenecientes a la organización, deben poseer un código de ética. Algunos expertos recomiendan que cada organización cree el suyo, de acuerdo con sus condiciones y contexto (McGonagle, 2008). El más conocido y universalmente aceptado es el de *Strategic and Competitive Intelligence Professionals* (SCIP, s. f.). Sus elementos, de carácter general, son los siguientes:

a. Luchar continuamente por incrementar el reconocimiento y respeto de la profesión.
b. Cumplir todas las leyes aplicables, tanto nacionales como internacionales.
c. Ofrecer con precisión toda información relevante, incluyendo la propia identidad y organización de procedencia, antes de cualquier entrevista.
d. Evitar conflictos de interés al cumplir con sus deberes.
e. Ofrecer conclusiones y recomendaciones honestas y realistas en la ejecución de los deberes.
f. Promover el código de ética en la propia organización, con los contratados y dentro de la profesión en su conjunto.
g. Adherirse completamente y cumplir con las políticas, objetivos y normas de la propia organización.

Algunos estudios específicos sobre la ética en la IC abordan detalladamente estos principios éticos y su funcionamiento concreto, en particular en el caso de los servicios de las consultorías de IC (Fuld and Co., 2014; Orozco, 2009).

En términos generales, los elementos principales para el enfoque de las cuestiones éticas de la IC son los siguientes:

- La ética de la IC es parte de la ética de la organización, así como de la infoética en general.
- Tanto el profesional de IC como su organización son responsables del comportamiento ético.
- Existen situaciones éticas ambiguas -la llamada "zona gris", que deben resolverse a partir de los elementos comunes de la ética, la legalidad y el sentido común.
- Los códigos de ética no garantizan la inexistencia de problemas, pero contribuyen a evitarlos.
- El incumplimiento de los códigos de ética es tan importante como cualquiera otra indisciplina, debido a su potencial de creación de conflictos.

¿Cómo se forman los profesionales de IC?

A medida que crece la importancia de la IC, crece también la demanda de profesionales para practicarla. Sin embargo, todavía las universidades no forman profesionales de IC de la misma manera que en otros campos, por ejemplo, abogados o ingenieros. Las posibilidades de la educación a distancia han incrementado las oportunidades de educación en IC, pero también han incrementado la dispersión de enfoques y los supuestos del conocimiento básico requerido, incluso en los niveles de maestría y doctorado, debido a que no existe un cuerpo de conocimientos generalmente aceptado sobre IC, independiente de algunos esfuerzos meritorios por lograr cierto nivel de normalización al respecto (SCIP, s. f.). Por ello es conveniente valorar el estado actual de la educación en IC y su futuro cercano, tomando en cuenta el crecimiento en ofertas, la posible normalización y el rápido incremento en la aparición de nuevos recursos para la IC, en particular respecto a la variedad de fuentes de información y sus soportes, así como a las técnicas de análisis de información, junto a la integración con otras herramientas, como la inteligencia de negocios (*business intelligence*) y la gestión del conocimiento y cómo ellas influyen en la enseñanza de la IC.

De acuerdo con Fleisher (2004), hubo una evolución natural en las ofertas de educación en IC en la década de 1990, pero no fue completamente satisfactoria. Algunas razones fueron:

- Pocas ofertas de programas y de cursos
- Escasez de investigación respecto a la educación en IC
- Ambigüedad en el alcance de la IC
- Las tendencias económicas negativas en la fecha.

Hoy día la situación no es la misma, principalmente porque en la actualidad existen muchas ofertas de cursos y otras acciones docentes en el campo, y porque las tendencias económicas han cambiado, intensificando la necesidad de la IC y la conciencia de los directivos al respecto. Pero hay todavía escasez de investigaciones sobre la educación en IC y la ambigüedad en el alcance de la IC es aún mayor. El número de cursos se ha incrementado, pero muchos de ellos son solo cursos cortos, entrenamientos de enfoque muy específico y seminarios en línea. En general, estas acciones ofrecen una visión de qué es la IC y su utilidad en las organizaciones, pero no contribuyen a fundar una cultura sólida sobre el tema o a crear competencias reales para los futuros practicantes de la IC. Este es el caso de muchos cursos cortos famosos que entregan un certificado, sobre cuya utilidad hay serias dudas (Kelly, 2011).

Incluso la mayor parte de los cursos diseñados para crear habilidades, enseñan solo uno o dos métodos de análisis. Por tanto, los participantes tienen que enfrentarse a situaciones reales con un pobre conjunto de técnicas analíticas. Esto ocurre principalmente porque la mayor parte de los profesores de IC tienen solo un curso para enseñar a los alumnos todo sobre la materia (Bukovski, 2008). Con respecto a la escasez de investigaciones sobre la educación en IC, uno de los problemas es que esta puede tomar varios caminos, lo que conlleva a la dispersión de esfuerzos:

- Algunos autores se enfocan en los tópicos críticos de la educación en IC para aplicaciones específicas en casos reales, mientras que otros se concentran en los mejores enfoques de aprendizaje.
- No hay claridad sobre el contexto académico de la IC.
- Algunos consideran que la IC pertenece al contexto de las ciencias bibliotecarias y de la información.
- Otros consideran que la IC pertenece al contexto de las ciencias gerenciales.

- Incluso otros enfatizan el papel de las tecnologías de información en la IC como el tema principal de los cursos.
- Algunos entienden que la IC es un tópico de carácter político-militar.

Un resumen claro de la situación descrita es el siguiente: "Con todo visto, esta situación se basa en cierto modo en el hecho de que no se ha establecido formalmente la educación en inteligencia competitiva, y como consecuencia, se han desarrollado muy pocos estándares de mejores prácticas. Esto representa un círculo vicioso que resulta en un reconocimiento pobre de la función de inteligencia competitiva". (Michaeli, 2010).

En adición a lo anterior, los expertos en IC son principalmente profesionales provenientes de diversas carreras, con grados de maestría o doctorado en ciencias gerenciales o ciencias de la información, pero raramente han hecho estudios de postgrado formales en IC, sino que se han formado en la práctica.

¿Dónde se estudia para formarse como profesional de IC?

Existen tres enfoques principales en la formación como profesionales de IC: cursos regulares en universidades (de grado y de postgrado), programas certificados impartidos por consultorías y por universidades (generalmente dentro de sus enfoques de Desarrollo Profesional y de Educación Continua) y entrenamientos, principalmente ofrecidos por consultorías y organizaciones de diverso tipo. Los tres enfoques pueden encontrarse en diversos países.

En términos generales, los estudios de inteligencia se dividen temáticamente en la inteligencia de contenido estratégico (militar y político) y los estudios de IC, usualmente vinculados a escuelas de ciencias de la información y escuelas de negocios.

Existen programas de IC en muchos otros lugares, pero excede el propósito de este documento una revisión exhaustiva de los mismos. Un acercamiento a la formación como profesionales de IC por parte de organizaciones acreditadas, lo ofrece Hohhof (2014). La autora divide los estudios de inteligencia en grados, cursos y certificados. En otro estudio, la misma autora (Hohhof, 2015), presenta una compilación de acciones docentes en inteligencia que puede servir de ejemplo de la situación.

En su recopilación, la autora estudia la enseñanza de inteligencia, en su alcance más general, en 55 universidades y organizaciones acreditadas en siete países, que ofrecen 58 actividades docentes en el campo de inteligencia. De las 55 organizaciones, el 76% pertenecen a Estados Unidos, 13% a Canadá, 4% a Francia y el resto, a partes iguales, a Australia, España, Malasia y el Reino Unido. De las 58 acciones docentes en inteligencia, Hohhof presenta 41 acciones (71%) dedicadas específicamente a la IC. Las 41 acciones docentes en IC son 24 cursos regulares, 12 grados y 9 certificados.

En otro enfoque del problema, Michaeli (2010) hace un análisis específico y detallado sobre los entrenamientos en IC, a partir de su aseveración de que la mayor parte de los profesionales de IC se forman en la práctica. Este autor se enfoca principalmente a las competencias necesarias para la IC, a partir de su ciclo de proceso.

Humboldt International University (s. f. A), en Miami, Florida, ofrece cursos de IC como parte de sus maestrías en administración de negocios y en liderazgo (Humboldt International University, s.f. B). También las presentará en el futuro cercano como parte de sus actividades de Desarrollo Profesional y Educación Continua.

Conclusiones

La IC, desde sus orígenes, ha mostrado ser una actividad necesaria para el desarrollo organizacional, ya sea empresarial o no. En su evolución, con múltiples nombres y enfoques, según la región geográfica, el entorno de aplicación o simplemente el abordaje de diferentes autores, ha tenido un desarrollo sostenido, con base fundamentalmente en el desarrollo de las ciencias de la información, las ciencias gerenciales y la presencia de las tecnologías de la información y las comunicaciones. Del mismo modo, cada vez se exige más al profesional de IC, tanto en sus conocimientos y competencias, como en sus actitudes y valores, por lo que la ética juega un papel primordial en la consultoría en IC. De esta manera, el profesional de IC debe reunir un conjunto amplio de competencias, difícilmente logrables en cursos regulares de universidades, sino que por el contrario, se adquieren principalmente en la práctica diaria, cuando es profesionalmente guiada por personas de mayor experiencia. Sigue estando pendiente una formulación universalmente aceptada del "cuerpo de conocimientos" de la IC.

Glosario

Ciclo de inteligencia. Descripción de un proceso que, a partir de una cuestión inicial, mediante la adquisición, tratamiento y análisis de la información, permite llegar a proporcionar una solución o respuesta a la persona que planteó la cuestión. Esta persona puede plantear otra cuestión o refinar la cuestión inicial, comenzando de nuevo el Ciclo de Inteligencia, hasta que finalmente la respuesta sea lo suficientemente satisfactoria para que la persona pueda tomar una decisión acertada. (CETISME, 2002).

Gestión del conocimiento. Enfoque que incluye acciones específicas y sistemáticas para facilitar la recopilación y el desarrollo continuo del capital intelectual (explícito o tácito) disponible en una organización, de acuerdo a los objetivos de la organización. Mientras que la Inteligencia Económica se orienta fundamentalmente hacia el exterior, la Gestión del conocimiento se orienta hacia el interior de la empresa, pero ambos enfoques son abiertos, claramente complementarios y rápidamente convergentes. (CETISME, 2002).

Inteligencia competitiva y tecnológica. La inteligencia competitiva y tecnológica (ICyT) es el proceso enfocado a monitorear el ambiente competitivo y tecnológico de una organización (empresa, universidad, organismo...) con la finalidad de que los ejecutivos (niveles altos y medios) tomen decisiones más acertadas, sobre todo las relacionadas con el mercado, innovación, diseño de productos, e investigación y desarrollo (I+D), y con la implementación de tácticas que forman parte de las estrategias a largo plazo. La ICyT se lleva a cabo en organizaciones de todos los tamaños a través de un proceso continuo y sistemático que implica la recolección legal y ética de información, análisis con conclusiones relevantes, y la obtención y difusión controlada de resultados útiles (por ejemplo, las oportunidades y amenazas del entorno externo) para los procesos de planeación estratégica. Inteligencia competitiva y tecnológica. (ITESM, s.f.)

Inteligencia competitiva. La inteligencia competitiva tiene por objeto anticipar las amenazas y oportunidades que se van a producir en el entorno competitivo de una empresa para diseñar una respuesta coherente desde la organización. Para ello debe ser capaz de tratar y analizar grandes volúmenes de información y distribuirlas a las personas adecuadas en la organización. Sus aplicaciones más inmediatas tienen que ver con: La toma de decisiones basadas en hechos y datos frente a las opiniones; alimentar el proceso de innovación en las empresas; desarrollar las estrategias de marketing de contenidos en las organizaciones; asentar las bases de una buena gestión del conocimiento. El ente al que sirve la inteligencia competitiva es siempre a la empresa y al igual que la inteligencia económica, recoge la información externa relevante para la empresa y la analiza en busca de patrones y relaciones causa efecto que permitan establecer cierto grado de anticipación. (Archanco, 2013).

Inteligencia competitiva. Se enfoca hacia los procesos y el seguimiento del entorno de mercado con el fin de mejorar la competitividad de una empresa. Utiliza métodos y herramientas similares a la Inteligencia Económica, pero se dirige más específicamente hacia el análisis de la información relativa a la actividad de los competidores. Este concepto se ha desarrollado y se utiliza mucho en las empresas norteamericanas. (CETISME, 2002).

Inteligencia de negocios. Técnica de gestión usada típicamente para el análisis cuantitativo, fundamentalmente de los datos internos de una compañía. Se refiere a una amplia categoría de herramientas y aplicaciones, tales como software para la recopilación, almacenamiento, análisis y acceso a los datos, para apoyar la adopción de decisiones de negocio. Como ejemplo se pueden citar la minería de datos, el análisis de previsiones o el análisis estadístico. (CETISME, 2002).

Inteligencia económica. El Comisariado General Francés del Plan (económico, n. del t.) (1994) define la inteligencia económica, como el conjunto de todas las medidas coordinadas de recopilación de información, procesamiento, distribución y protección, que son de valor para los actores económicos y que son alcanzables por medios legales. Su objetivo final es proporcionar a quienes toman las decisiones en las empresas o el gobierno los conocimientos necesarios para comprender su entorno y ajustar sus estrategias individuales o colectivas en consecuencia. Por lo tanto, la inteligencia económica es una extensión de las diversas técnicas de monitoreo (científico, tecnológico, comercial, de la competencia, financiero, legal, regulatorio, etc.) y de técnicas para proteger los activos clave, teniendo plenamente en cuenta las acciones influyentes que pueden ser adoptadas por los gobiernos o las empresas en la formulación de estrategias, así como campañas de información y desinformación. Tres características principales surgen de esta definición. En primer lugar, la inteligencia económica se basa en la explotación de fuentes de acceso público. Los expertos aseguran que el 80% y el 90% de toda la información necesaria está disponible de fuentes públicas. Es el procesamiento de expertos y análisis de estos datos disponibles, por lo tanto, lo que proporciona el valor añadido. En segundo lugar, la inteligencia económica difiere claramente de espionaje económico en que hace uso de los medios legales para adquirir información. En tercer lugar, la búsqueda de la inteligencia económica está ligada, en los niveles de la empresa o de la organización, así como en la industria y estatales, con la cultura colectiva para intercambiar y compartir información y conocimiento. Esto sugiere que los nuevos métodos de organización pueden requerir iniciativas que hacen hincapié en la creación de redes y sinergias entre las personas y las instituciones, y sobre el control de los conocimientos técnicos necesarios para realizar esta tarea. A nivel operativo, la inteligencia económica puede concebirse tanto como un producto y como un proceso. El producto de la inteligencia económica es la información y el conocimiento funcional, y el proceso de la inteligencia económica es la adquisición sistemática, evaluación y producción de la información y el conocimiento utilizable. (Clerc, 1998).

Inteligencia económica. La inteligencia económica como tal se encarga de recabar y analizar la información del contexto económico, político, tecnológico y social de una nación o bloque geográfico. Su principal función es prever situaciones de riesgo u oportunidades en el escenario geo-económico. El ente del que se ocupa y por tanto la define es generalmente una región o país. Es decir, el contexto del análisis fundamental se realiza sobre un país o región. Analizando desde el punto de vista económico los factores que afectan a su competitividad presente y futura. (Archanco, 2013).

Inteligencia estratégica. Un proceso colectivo, proactivo y continuo, por el cual los miembros de la empresa recolectan (en forma voluntaria) y utilizan informaciones pertinentes relativas a su entorno y a los cambios que se les pueden ocurrir, visando a crear oportunidades de negocios, innovar, adaptarse (e incluso anticiparse) a la evolución del entorno, evitar sorpresas estratégicas desagradables, y reducir riesgos e incertidumbres en general. (Janissek et al., 2008).

Monitoreo. Monitoreo es el proceso sistemático de recolectar, analizar y utilizar información para hacer seguimiento al progreso de un programa en pos de la consecución de sus objetivos, para guiar las decisiones de gestión. El monitoreo generalmente se dirige a los procesos en lo que respecta a cómo, cuándo y dónde tienen lugar las actividades, quién las ejecuta y a cuántas personas o entidades beneficia. (¿Cuál es el monitoreo y la evaluación?, 2012).

Organización de información. Las organizaciones de información se definen como aquellas entidades que ofrecen soluciones basadas en información a cierto mercado.

Algunos nombres comúnmente usados para estas organizaciones incluyen las bibliotecas, los centros de información, las unidades de inteligencia competitiva, departamentos de intranet, centros de recursos de conocimiento, organizaciones de gestión de contenidos, y otras. (Abels et al., 2003).

Profesional de la información. Un "profesional de la información" usa la información en su puesto de trabajo para el logro de la misión de la organización. El profesional de la información realiza su trabajo mediante el desarrollo, organización y gestión de recursos y servicios de información. El profesional de la información utiliza las tecnologías de la información y las comunicaciones como herramienta crítica para lograr sus objetivos. Los profesionales de la información incluyen, entre otros, a los bibliotecarios, gestores de conocimiento, directores de información, desarrolladores web, intermediarios de información y consultores. (Abels et al., 2003).

Vigilancia tecnológica. La vigilancia tecnológica es una forma sistemática de captación y análisis de información científico-tecnológica que sirve de apoyo en los procesos de toma de decisiones. A través de los estudios de vigilancia tecnológica, se detectan fuentes de información esenciales para hacer frente a las decisiones tecnológicas, se extrae información relevante sobre tendencias tecnológicas, novedades, invenciones, potenciales socios o competidores, aplicaciones tecnológicas emergentes, a la vez que se contemplan aspectos regulatorios y de mercado que pueden condicionar el éxito de una innovación tecnológica. Toda esta información codificada y analizada brinda a un decisor, ya sea una empresa o institución científica, la posibilidad de trazar planes y formular estrategias tecnológicas, minimizando la incertidumbre. (Madri+D, s. f.).

Referencias

Abels, E., Jones, R., Latham, J., Magnoni, D. & Marshall, J. G. (2003). Competencies for Information Professionals of the 21st Century. Revised edition, June 2003. Prepared for the Special Libraries Association Board of Directors by the Special Committee on Competencies for Special Librarians. Recuperado de http://sla.org/wp-content/uploads/2013/01/0_LRN-Competencies2003_revised.pdf

Alden, B. H. *Competitive intelligence*. Watertown, Mass., C. I. Associates, 1959. Recuperado de https://lccn.loc.gov/59013524

Archanco, R. (2013, marzo 9). Inteligencia económica, inteligencia competitiva e inteligencia empresarial... aclarando conceptos. Recuperado de http://papelesdeinteligencia.com/inteligencia-economica-inteligencia-competitiva-e-inteligencia-empresarial-aclarando-conceptos/

Bergeron, P. (1996). Information resources management. *Annual Review of Information Science and Technology (31)*, p. 263-300. Recuperado de https://www.learntechlib.org/p/82517

Bernhardt, D. (1994). I want it fast, factual, actionable-Tailoring competitive intelligence to executive's needs. *Long Range Planning (27)*1, p. 13. Recuperado de http://www.oss.net/dynamaster/file_archive/040320/effb2b42b78bf84b091c680e7949110c/OSS1994-02-03.pdf

Bukowski, D. (2008). Comparing Competitive Intelligence Education to Competitive Intelligence Practice. Walking Through the Halls of Intelligence: A Second Look at Recent Graduate Research. Mercyhurst College Institute for Intelligence Studies Press. Recuperado de http://www.theridgeschool.org/uploads/Walking%20Through%20the%20Halls%20of%20Intelligence%20IISMU.pdf

Capurro, R. (2005). Ética de la información: un intento de ubicación. Recuperado de http://www.capurro.de/colombia.htm

CETISME (2002). Inteligencia Económica y Tecnológica. Una guía para principiantes y profesionales. Recuperado de http://www.madrimasd.org/informacionidi/biblioteca/publicacion/doc/15_InteligenciaEconomicaTecnologica.pdf

Choo, C. & Auster, E. (1993). Environmental scanning: acquisition and use of information by managers. Recuperado de *https://www.researchgate.net/publication/234599285_Environmental_Scanning_Acquisition_and_Use_of_Information_by_Managers*

Choo, C. (1998, a). *Information management for the intelligent organization: The art of scanning the environment.* 2nd. Ed. Medford, NJ: Information Today.

Choo, C. (1998, b). *The knowing organization: How organizations use information to construct meaning, create knowledge and make decisions.* New York: Oxford University Press.

Clerc, P. (1998). Economic Intelligence. World Information Report 1997/1998. Recuperado de http://www.unesco.org/webworld/wirerpt/wirenglish/chap22.pdf

Cronin, B. & Davenport, E. (1993). Social Intelligence. *Annual Review of Information Science and Technology (28)*, p. 3-44.

Cronin, B. (2000). Strategic intelligence and networked business. *Journal of Information Science (26)*, p. 133-138. Recuperado de http://jis.sagepub.com/content/26/3/133.short

¿Cuál es el monitoreo y la evaluación? (2012). Recuperado de http://www.endvawnow.org/es/articles/330-cual-es-el-monitoreo-y-la-evaluacion.html

Davenport, T. (1997). *Information ecology: Mastering the information and knowledge environment.* New York: Oxford University Press, 1997.

European Council of Information Associations (2004). Euroreferencial en información y documentación. Recuperado de http://www.certidoc.net/es1/euref1-espanol.pdf

Fahey, L. (1999). *Competitors: outwitting, outmaneuvering, outperforming.* New York: Wiley, p. 5.

Fleisher, C. (2004). Competitive Intelligence Education: Competencies, Sources, and Trends. *The Information Management Journal*, March-April. Pp. 56-62. Recuperado de http://www.arma.org/bookstore/files/careerpath_Fleisher.pdf

Fuld and Co. (2014). Legal and Ethical Guidelines for Competitive Intelligence. Recuperado de http://insights.fuld.com/hs-fs/hub/17073/file-1386048874-pdf/

Resources/Legal_and_Ethical_Guidelines_for_ Clients_%C2%A9_2014.pdf

Fuld, L. (2000). Foreword. In J. P. Miller (Ed.), *Millennium intelligence*. Medford, NJ: CyberAge Books, p. 1-2.

Gilad, B. & Gilad T. (1988). *The business intelligence system: a new toll for competitive advantage.* New York: Amacom.

Hohhof, B. (2014, December 30). Intelligence Degrees, Courses, and Certificates. Recuperado de https://deci-sionintel.org/intelligence-degrees-courses-and-cer-tificates/

Hohhof, B. (2015, January 7). Intelligence Degrees, Courses, and Certificates. Recuperado de https://hohhof. files.wordpress.com/2015/01/intelligence-cour-ses-and-certificates-15jan07.pdf

Humboldt International University (s. f. a). MBA 5006. Global Competitive Intelligence. Recuperado de http:// www.hiuniversity.com/course/master-in-busi-ness-administration-mba

Humboldt International University (s. f. b) DBA 8005. Economic and Competitive Intelligence. Recuperado de http://www.hiuniversity.com/course/doc-tor-in-business-administration

ITESM (s.f.) Centro de Calidad y Manufactura. **¿Qué es la Inteligencia Competitiva y Tecnológica?** Recuperado de http://inteligenciacompetitiva.mty.itesm. mx/inteligencia.htm

Janissek-Muñiz, R.; Lesca, H.; Freitas, H. (2008). Inteligencia Estratégica: Desarrollo de la capacidad de antelación por la identificación de indicios anticipativos. *Economia & Gestão (8)* 17. Recuperado de http://www.

ufrgs.br/gianti/files/artigos/2008/2008_240_RJM_HL_HF_Eco_Gestao.pdf

Joshi, I. (2003). Info-ethics and universal access to information and knowledge. Recuperado de http://www.tanzaniagateway.org/docs/Status_of_Research_on_the_Information_Society.pdf

Juhari, A.S. and Stephens, D. (2006, April 28). Origins of Competitive Intelligence: Fundamental Extension of CI Education. SCIP Annual Conference and Exhibition, Orlando, Florida, U.S. Recuperado de https://dspace.lboro.ac.uk/dspace-jspui/bitstream/2134/2414/1/Panel-Teaching%20CI-Juhari,%20Stephens.pdf

Kelly, S. (2011, February 23). Competitive Intelligence Certification- Is it worth it? Retrieved from http://competitiveintelligence.ning.com/forum/topics/competitive-intelligence-2

Kennedy, M. (1996). Positioning strategic information: Partnering for the information age. *Special Libraries*, 87. p. 120-131.

Madri+D. (2014). Investigadores y empresas. Recuperado de http://www.madrimasd.org/vigtecnologica

Más-Basnuevo, A. y Orozco, E. (2012). Formación en inteligencia empresarial: generación y uso del conocimiento. En: WORKSHOP BRASILEIRO DE INTELIGÊNCIA COMPETITIVA E GESTÃO DO CONHECIMENTO, 10., 19 a 21 de novembro de 2012. **Anais...** Brasília: IBICT, 2012.

McGonagle, J. & Vella, C. (1998). *Protecting your company against competitive intelligence.* Westport, CT: Quorum Books. p. 149.

McGonagle, J. (2008). Ethical codes-do it yourself. *Competitive Intelligence Magazine (11)* 2, Mar./Apr. Citado por Orozco, E. (2009).

MetaManagement Communicator (2001, June). HEADS UP: Competitive Intelligence. Recuperado de http://www.metamatrixconsulting.com/downloads/2001_08jun_a_.pdf

Michaeli, R. (2010). Training to become a CI professional. Recuperado de http://www.institute-for-competitive-intelligence.com/download/Michaeli_CI_How_to_train.pdf

Miller, J. (2002). *El milenio de la inteligencia competitiva*. Porto Alegre: Bookman.

Moon, M. (2000). Effective use of information and competitive intelligence. *Information Outlook* 4(2), p. 17-20.

Nolan, J. (1999). *Confidential: Uncover your competitor´s secrets legally and quickly and protect your own*. New York: Harper Business.

Mas, A. (2005). Antecedentes y situación actual de los conceptos y métodos para el desarrollo de la inteligencia organizacional. Recuperado de http://bvs.sld.cu/revistas/aci/vol13_4_05/aci02405

Organización Internacional del Trabajo (2015, Octubre). Las competencias en el marco de la agenda 2030 para el desarrollo sostenible. Recuperado de http://www.ilo.org/global/docs/WCMS_415641/lang--es/index.htm

Orozco, E. (2009). Cuestiones éticas de la inteligencia empresarial. Cap.14, pp. 387-428, en *Desafios do impresso ao digital: questões contemporâneas da informação e conhecimento*. Braga, G. M. e Ribeiro-Pinheiro, L.

(Orgs.) Brasilia: IBICT-UNESCO. Recuperado de http://unesdoc.unesco.org/images/0018/001850/185086por.pdf

Pellissier, R. & Nenzhelele, T. E. (2013). Towards a universal definition of competitive intelligence. *South African Journal of Information Management 15*(2), Art. #559, 7 pages. Recuperado de http://dx.doi. org/10.4102/sajim.v15i2.559

Pollard, A. (1999). *Competitor intelligence: Strategy, tools and techniques for competitive advantage.* New York: Pitman. p. 205.

Porter, M. E. (1979). How competitive forces shape strategy. *Harvard Business Review,* March 1979. Recuperado de https://hbr.org/1979/03/how-competitive-forces-shape-strategy

Prescott, J. (19990). The evolution of competitive intelligence. *International Review of Strategic Management, 6,* p. 71-90. Recuperado de http://files.paul-medley.webnode.com/200000023-97ce398c7e/Competitive%20Intelligence%20A-Z.pdf

Prescott. J & Miller, S. (2002). *Inteligencia competitiva en la práctica: técnicas y prácticas exitosas para conquistar mercados.* Río de Janeiro: Campus.

Rouach, D. (1996). *La veille technologique et l´intelligence économique.* Paris: Presses universitaires de France.

Salmon, R. & De Linares, Y. (1999). *Competitive intelligence: Scanning the global environment.* London: Economica.

SCIP (s. f.). SCIP Code of Ethics for CI Professionals. Recuperado de http://www.scip.org/?page=CodeofEthics

SCIP (s. f.). SCIP University. Recuperado de http://www.scip.org/?page=university

UNESCO (2006). Declaración de Santo Domingo. Primera Conferencia Regional, Latinoamericana y del Caribe sobre infoética en el ciberespacio, celebrada en Santo Domingo, República Dominicana, del 6 al 9 de diciembre de 2006. Disponible en http://www.funglode.org/especiales/2007/02/ciberespacio/documentos/declaracion_sto_dog.pdf

Westney, E. & Ghosbal, S. (1994). Building a competitor intelligence organization: Adding value in an information function. In T. J. Allen & M. S. Scott Morton (Eds.), *Information technology and the corporation of the 1990s: Research studies*. New York: Oxford University Press. p. 430.

LA CONTRIBUCIÓN DIDÁCTICA DE LAS TIC EN EL DESARROLLO DE COMPETENCIAS PARA LA INVESTIGACIÓN

Rubén Edel
Universidad Veracruzana
redel@uv.mx

Resumen

Desde una perspectiva analítico-reflexiva las instituciones de educación superior (IES) deberán cuestionarse ¿de qué manera el currículo aprovecha las potencialidades de las tecnologías de la información y comunicación (TIC) y el *internet* para el desarrollo de competencias de los universitarios?. Particularmente las IES deberán reconocer el paradigma de la educación mediada por tecnología (EMT) asociado con los procesos cognitivos, la usabilidad pedagógica de las TIC y las competencias para la investigación, lo anterior con el propósito de establecer la fundamentación didáctico-pedagógica para el empleo de los recursos digitales y tecnológicos en el proceso de enseñanza-aprendizaje, así como para la formación de jóvenes investigadores. Por otra parte, el paradigma de la EMT deberá explicar ¿de qué manera internet contribuye con el desarrollo cognitivo?, es decir, ¿cómo la usabilidad tanto de las TIC como de la red de redes (*www*, por sus siglas en inglés) estimulan los procesos de pensamiento básico y avanzado de los universitarios? y ¿de qué manera impacta en su desarrollo de habilidades para la investigación formal?. Así mismo, resulta apremiante que las IES clarifiquen ¿cómo el empleo deliberado de internet se deberá insertar en su planeación curricular?, permitiendo valorar los aportes didácticos de la mediación tecnológica, así como su relevancia para el logro de los objetivos de aprendizaje.

Palabras clave: Competencias universitarias, desarrollo cognitivo, TIC, formación de investigadores, planeación curricular.

Introducción

Al abordar el tema de la *world wide web*, la red de redes o, como simplemente la denominamos: internet, generalmente se destaca como foco de interés por su capacidad de penetración mundial, por la cantidad de sus usuarios, por las posibilidades que ofrece de acceso a la información o comunicación, o bien por las desigualdades de orden tecnológico o social que genera, y en reiteradas ocasiones sobre su empleo en el ámbito educativo, esto último traducido en las múltiples experiencias compartidas sobre el uso de los recursos web en el proceso de enseñanza-aprendizaje, entre ellos, los *blogs*, *wikis*, plataformas educativas, el *software* especializado, la *web* semántica, sólo por precisar algunos. Sin embargo, acerca de los alcances pedagógicos y/o didácticos del empleo de *internet* y de las tecnologías de la información y comunicación (TIC) mucho podría cuestionarse y quizá poco asociar con el acervo formal de conocimiento al respecto de su contribución en el acto educativo y de manera particular en la formación de competencias para la investigación.

En los últimos 30 años la tecnología ha acompañado a las prácticas educativas desde la incorporación de las computadoras, la aparición de *internet*, el empleo de pizarrones electrónicos, y de manera relativamente reciente con el uso de tabletas y *smartphones*, pero la omnipresente tecnología sólo se ha reducido a la inclusión de recursos y/o dispositivos digitales en el proceso de enseñanza-aprendizaje, sin originar una verdadera transformación pedagógica que permita fundamentar la aportación de las TIC y específicamente de *internet* en el aprendizaje dentro y fuera del aula.

El paradigma de la educación mediada por tecnología requiere explicar de qué manera internet contribuye con el desarrollo cognitivo, es decir, cómo la usabilidad tanto de las TIC como de la red de redes (www, por sus siglas en inglés) estimulan los procesos de pensamiento básico y avanzado en nuestros estudiantes y de qué manera impacta en su desarrollo de habilidades para la investigación formal. Asimismo, fundamentar cómo el empleo deliberado de internet se deberá insertar en el diseño instruccional, permitiendo valorar los aportes didácticos de la mediación tecnológica, así como su relevancia para el logro de los objetivos de aprendizaje.

Investigación científica y TIC

La dinámica de la evolución tecnológica demanda de los académicos y científicos su adaptación de estrategias de enseñanza-aprendizaje para hacer frente a los cambios en el entorno mundial y a la aparición de nuevas TIC, las cuales de manera gradual sustituyen a las aulas tradicionales (King-Dow, 2010).

La incorporación de las TIC en los procesos educativos contribuyen con el desarrollo de ambientes de aprendizaje con mayor flexibilidad, sin límites de espacio temporal o de ubicación geográfica.

En contraste con el desarrollo de las TIC, la pedagogía de la enseñanza tradicional requiere transformarse y reconocer el potencial didáctico de la tecnología para la formación académica y de manera particular para la habilitación científica, para ello, los docentes deben estimular las competencias digitales de sus estudiantes, de manera particular de las habilidades informacionales, que conducirá no sólo a la usabilidad de las TIC sino a la gestión del conocimiento.

Así la usabilidad de TIC refiere el análisis de uso de las diferentes tecnologías para accesar a su uso y aplicación ya que el maestro es quien debe emitir su juicio de valor ante qué tipo de recursos pueden incorporar al proceso educativo con base en los modelos pedagógicos sobre los cuales basan su quehacer docente. De esta forma en el ámbito educativo la usabilidad representa la adecuada apropiación y accesibilidad que se genera al momento de interactuar con el recurso tecnológico, y cuando el docente se pregunta ¿qué recursos existen y puedo utilizar en mi labor educativa?, ¿cómo empleo las TIC dentro de mi planeación didáctica y a la hora de realizar mi clase?, ¿existen recursos tecnológicos adecuados para emplearlos como herramientas para generar conocimiento en mis alumnos?, etc. (Aguilar y Edel, 2012, pag.3).

El empleo de las TIC representan la oportunidad para incrementar el nivel de desarrollo personal de los estudiantes, del crecimiento en su cultura computacional y algorítmica, el desarrollo de su razonamiento espacial y cultura gráfica, así como de la expansión del espectro cognitivo a través de estimular sus procesos de pensamiento, es decir, de la percepción, comprensión, representación, entre otros (Smirnov, E. & Bogun, V., 2011).

Por otra parte, la contribución didáctica de las TIC para el dominio de la actividad intelectual compleja conducirá a la adquisición y el desarrollo de un pensamiento productivo de los estudiantes sobre la base del pensamiento científico y la participación de la metodología científica en el proceso de aprendizaje.

La oportunidad de la comunicación sincrónica y asincrónica, así como el uso de entornos virtuales en el proceso de intercambio de experiencias académicas y científicas de los estudiantes a través de *internet*, ya sea por la formación a distancia, la interacción por medios electrónicos, o por la revisión de material durante el aprendizaje independiente, constituyen variables relevantes en los procesos formativos y que abonan favorablemente como recursos didácticos.

A pesar de visualizarse el aporte de las TIC en los procesos cognitivos y de aprendizaje, persiste en el aula la enseñanza de constructos, leyes y teorías a través de la exposición tradicional, verbal y en pintarrón, lo anterior no favorece la transmisión del conocimiento científico y, por ende, del interés por la ciencia.

Fig. 1. La exposición tradicional en el aula.
Fuente: Internet

Mediación tecnológica y formación de investigadores

Si bien persiste la idea de que formar investigadores es una *labor artesanal*, en donde la experiencia de comunicación y empatía entre experto y aprendiz resultan indispensables para el éxito formativo, también deberá considerarse la mediación para alcanzarlo, es decir, más allá de la *expertise* en el campo de conocimiento o la práctica en la investigación, se requiere de un despliegue de recursos y estrategias digitales para la interacción e interactividad durante el proceso de formación de investigadores noveles, y en donde las TIC abonan de manera relevante, ya sea a través de los espacios virtuales y/o ambientes digitales que permiten compartir el conocimiento y generar un entorno de aprendizaje mediado por la tecnología, o como comúnmente denominamos entorno virtual de aprendizaje.

...de manera paralela al apoyo tutoral se identificaron dos condiciones adicionales que resultaron determinantes para el logro de los objetivos del programa, en primera instancia el diseño curricular del mismo, cuya complementariedad didáctico-pedagógica entre Seminarios y Tutorías de Investigación facilitó la adquisición de competencias para la investigación educativa, y por otra parte, el respaldo de las TIC favorecieron la mediación para la comunicación educativa entre estudiantes e investigadores, de ésta forma el empleo de las plataformas tecnológicas Eminus y Moodle, así como los diversos recursos digitales para la interacción sincrónica y asincrónica, han resultado determinantes (Edel, 2010, pag.197).

El desarrollo tecnológico trae consigo alternativas para enfrentar el acto educativo de manera innovadora, si bien los artefactos y/o dispositivos no se diseñan *exprofeso* para la didáctica, su empleo en las prácticas docentes permiten adaptarlos a los fines pedagógicos dentro y fuera del aula.

La diversidad de TIC asociadas con los objetivos educativos en contextos formales y no formales, fundamentan el surgimiento del paradigma de la educación mediada por tecnología (EMT), una perspectiva que contempla, mas allá del empleo de TIC para la enseñanza-aprendizaje en ambientes presenciales y/o virtuales, la comprensión de los procesos cognitivos, la *usabilidad pedagógica* de las TIC e *internet* y el desarrollo de competencias, dimensiones de particular interés para quienes se dirigen, atienden, o son responsables, de la formación de jóvenes investigadores.

Lo anterior es fundamental para establecer la visión didáctico-pedagógica para el empleo de los recursos digitales y tecnológicos en el proceso de enseñanza-aprendizaje, incluida la *internet* -red de redes- así como para identificar su posible contribución en los procesos de pensamiento, las habilidades, actitudes y valores, propios para la formación en investigación.

Retomando los principios del interaccionismo simbólico, los cuales postulan que las personas se comportan hacia los eventos o fenómenos en función del significado que les atribuyen, y que además dicho significado es resultado de un acuerdo social, de manera análoga las instituciones de educación superior (IES) asumen una postura académica y administrativa hacia la actividad de investigación, la cual es producto del consenso entre académicos y directivos de lo que significa *investigar,* y que lo anterior se concreta en los planes y programas, así como en su currículum, en su más amplio sentido.

Currículo, competencias y TIC

Desde la perspectiva en la formación universitaria es factible abrir el debate sobre el significado que otorgan las IES en su intento curricular por incursionar bajo el *modelo de competencias* en la instrucción de jóvenes investigadores, así como identificar el potencial respaldo de las TIC en dicha labor educativa, ¿de qué manera el currículo aprovecha las potencialidades de las TIC y el *internet* para el desarrollo de competencias de los universitarios?, el citado cuestionamiento conduce a diferentes vertientes de análisis.

Partiendo del polisémico constructo de las *competencias,* cuya interpretación dependerá del contexto o campo del conocimiento desde el cual se aborde, además surgen cuestionamientos medulares para las IES, entre ellos por ejemplo ¿cuáles son las *competencias* que los universitarios deben adquirir para su formación en la investigación?, ó ¿de qué manera incorporarlas en el currículum universitario?, la respuesta incipiente a lo anterior seguramente contemplará la dimensión del desarrollo cognitivo de los estudiantes y el diseño de objetivos de ejecución para alcanzar el perfil deseable en *competencias* para la investigación, entre las que destacan las destrezas informáticas –manejo de *software y hardware*- e informacionales –gestión del conocimiento, discriminar fuentes formales de consulta, entre múltiples- las cuales se denominan específicamente como *competencias digitales*.

Al respecto de las *competencias digitales* las IES juegan un papel crucial, de manera específica su imaginario institucional sobre las mismas, en función de ello podría explicarse el empleo y subempleo de los recursos digitales, entre ellos el *internet*, que los planes y programas de estudio consideran en la formación profesional universitaria.

Tema nodal lo constituye también el desarrollo de *competencias digitales* de los profesores, quienes finalmente son los responsables de encontrar la fundamentación didáctica o pedagógica de las TIC.

La *usabilidad pedagógica* de las TIC, otro de los paradigmas emergentes en la combinación entre currículo, competencias y empleo de recursos digitales, representa un modelo explicativo acerca de las competencias docentes en el manejo de TIC.

Diferentes iniciativas a cargo de instituciones a nivel mundial establecen estándares de competencias en TIC para docentes en su formación inicial, considerando que un estándar es una forma de medir el desempeño en una actividad específica, que en el ámbito educativo y de las TIC, es decir "el conjunto de normas o criterios acordados que establece una meta que debe ser alcanzada para asegurar la calidad de las actividades que se realicen a través del uso de las TIC en el contexto educativo". (ENLACES, 2006, p.8).

El centro chileno ENLACES presenta en el 2011 una actualización a los estándares para la profesión docente que emitió en el 2007, identificando cinco dimensiones para la formación docente en TIC, que son la pedagógica, técnica instrumental, de gestión, social, ético y legal y de desarrollo y responsabilidad profesional (ENLACES, 2011, pp. 36-85).

En el estudio de ENLACES se estructura cada competencia de acuerdo con un proceso en el cual "de las dimensiones surgen las competencias y de éstas emanan criterios; luego, cada criterio se estandariza. Un estándar es una competencia que se ha vuelto un referente válido para un grupo dado, en este caso para el sector educativo chileno". (ENLACES, 2011, p. 26).

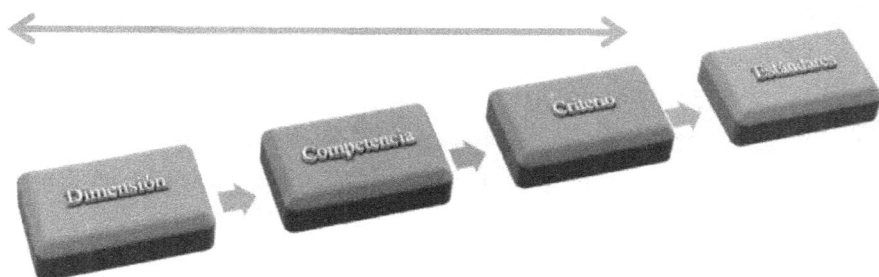

Fig. 2. Matriz de competencias TIC para la profesión docente
Fuente: ENLACES (2011, p.26)

De esta forma como parte de las competencias en el uso de TIC, la informática como uso del recurso en el aspecto técnico se complementa con las habilidades de información y comunicación, de tal manera que de acuerdo con Ruiz-Velasco (2012, p.334), "al dominio de estas habilidades de información y comunicación subyace la experimentación de actividades informáticas utilizando las TIC para la generación del conocimiento…las habilidades de información incluyen las de búsqueda, discriminación, clasificación, recuperación y selección", indispensables en la actividad de la investigación formal, y las de comunicación de acuerdo con el mismo autor, "incluye selección, uso (aplicación), comunicación (socialización) de la información a través de diversos medios (p.335), habilidades básicas para la divulgación del conocimiento científico.

Perspectiva didáctico-pedagógica del empleo de las TIC

Cuando se realiza una valoración pedagógica para utilizar un recurso, ésta dependerá del tipo de estrategia didáctica que el docente lleve a cabo para potenciar su uso educativo.

En este proceso al reflexionar sobre los tipos de herramientas y sistemas tecnológicos que podrían cambiar la forma en la cual se realiza la gestión del aprendizaje, se toman en cuenta "la modalidad de método de casos, método de proyectos, aprendizaje basado en problemas, aprendizaje basado en evidencias, aprendizaje colaborativo, entre otros" (Edel, 2013, p. 4), es decir adecuar la estrategia educativa, de acuerdo con la identificación de los recursos

219

que el docente considere pertinentes para trabajar con los estudiantes, tal es el caso del método de proyectos en la formación de jóvenes investigadores.

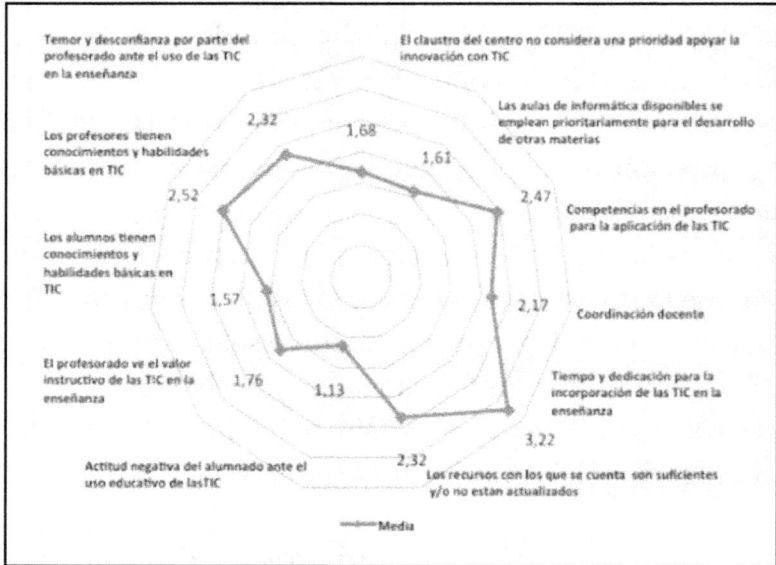

Fig. 3. Factores que obstaculizan la innovación con TIC en los centros educativos.
Fuente: González Pérez, Alicia; De Pablos Pons, Juan (2015)

En este sentido se habla de *usabilidad pedagógica* cuando los docentes a partir de estrategias didácticas específicas utilizan recursos tecnológicos que le proporcionan nuevas formas de aprendizaje, Ferreiro y Vizoso (2008) consideran que "lo nuevo y distintivo está en la forma en que usamos los recursos, tanto los recientes como los que no lo son" (p. 81).

Cabría destacar que lo importante no se centra en la tecnología, ni en los grandes avances y facilidades que proporcionan las herramientas tecnológicas en el ámbito educativo, sino en establecer la conexión natural de utilizar la tecnología en conjunto con la pedagogía, ya que de acuerdo con Edel (2010), lo crucial es establecer un centro de atención "a la didáctica y la cognición humana" (p. 9), mas allá de focalizarse en los artefactos tecnológicos, es decir, "reconocer que es factible la transformación de la educación tradicional a la educación no sólo mediada o apoyada, sino amalgamada con la tecnología" (Edel, 2010, p. 11).

Tomando en cuenta que nuevos conocimientos y habilidades emergen hoy en día, el rol del maestro cambia porque se enfrenta a recursos que puede utilizar en su práctica como herramientas mediadoras a través de los cuales se realizan tareas de colaboración. En este sentido por aprendizaje colaborativo "se hace referencia a un conjunto de metodologías y métodos didácticos de enseñanza y de aprendizaje" (Londoño, 2008, p. 3).

Las bases del constructivismo tienen fuerte influencia en el trabajo colaborativo mediado cuando intervienen los recursos tecnológicos en la interrelación con el docente.

Cuando el docente otorga un valor pedagógico a los recursos que emplea es porque ha identificado que son pertinentes para una actividad específica, es decir, es capaz de asociar los atributos de las TIC y la fundamentación pedagógica para su empleo, reconociendo sus características y potencialidades en el ámbito educativo (García, 2007, p. 2):

Interactividad. Comunicación de manera bidireccional y multidireccional en entornos virtuales, permitiendo una mayor interrelación entre los interlocutores o usuarios del recurso tecnológico.

Aprendizaje colaborativo. Comunidades de usuarios que favorecen el trabajo cooperativo y colaborativo permitiendo la interacción en la cual se logran aprendizajes con, entre y de otros a través de diferentes actividades de intercambio entre usuarios.

Multidireccionalidad. Transmisión e intercambio de información que a través de diferentes aplicaciones de Internet permite el tránsito simultáneo entre múltiples destinatarios.

Libertad de edición y difusión. Permite la difusión, intercambio y colaboración en la edición de ideas y trabajos entre la multitud de usuarios de la red.

De acuerdo con lo anterior, los diferentes atributos de los recursos digitales, dan pauta para analizar la forma mas pertinente para su empleo como apoyo para la generación de conocimiento (Colorado y Edel, 2014).

La evidencia empírica a manera de conclusión

Las experiencias y prácticas interinstitucionales del programa doctoral en Sistemas y Ambientes Educativos (DSAE, 2015), las cuales a través de la Universidad Veracruzana (UV), la Benemérita Universidad Autónoma de Puebla y el Instituto Tecnológico de Sonora, instituciones mexicanas que laboran de manera conjunta en la formación de jóvenes investigadores, validan algunas de las acciones curriculares y pedagógicas que han resultado efectivas y que contribuyen con el *desarrollo de competencias para la investigación* de sus egresados, a saber, las de innovar para generar buenas prácticas, es decir, direccionar el cambio de los modelos educativos, de la educación tradicional a la mediada por tecnología, en pocas palabras, transformar los significados y las acciones educativas; flexibilizar la currícula, representa incorporar una visión multidisciplinaria y de *interciencia* para la formación en investigación, ya no resultan rentables las posiciones monodisciplinares y reduccionistas de cada campo del conocimiento, la innovación se localiza en las fronteras entre las disciplinas del saber.

Fig. 4. Doctorado Interinstitucional en Sistemas y Ambientes Educativos de México (UV-BUAP-ITSON).
Fuente: DSAE- ITSON, 2015.

Otro camino hacia *buenas prácticas* consiste en trazar un plan deliberado para formar capital humano para la investigación, tener un plan deliberado para la formación didáctica en *competencias para la investigación*, si bien, el modelo del artesano y el aprendiz resulta vigente, el contexto para ambos, en su sentido mas amplio, ha cambiado.

Por otra parte, amalgamar las actividades didáctica y científica, estimular las prácticas asociadas con la *docencia-investigación* en la generación de una verdadera *cultura científica*, para lo que no deberá soslayarse la inversión económica en ciencia y el indispensable financiamiento diversificado para la investigación.

Finalmente, otro desafío para las instituciones de educación superior consiste en propiciar nichos para el desarrollo de la investigación, para ello, la creación de nodos y/o *clusters*, así como las acciones institucionales y organizacionales para *retener talento*, son fundamentales (Edel, 2015).

Referencias

Aguilar, B.L. y Edel, R. (2012). La usabilidad de TIC en la práctica educativa. Revista RED. Número 30. Universidad de Murcia. En red. Recuperado en: **http://www.um.es/ead/red/30/edel.pdf**

Colorado, B.L. y Edel, R. (2014). Usabilidad pedagógica de las TIC: Perspectiva y reflexión desde la práctica educativa. Editorial CreateSpace-Amazon. ISBN-13: 978-1501064203, ISBN-10: 1501064207. DOI: 10.13140/2.1.3285.9848. En red: https://www.createspace.com/4983802

DSAE (2015). Doctorado Interinstitucional en Sistemas y Ambientes Educativos de México (UV-BUAP-ITSON). En red: http://www.itson.mx/oferta/dsae/Paginas/dsae.aspx

Edel, R. (2010). *Entornos virtuales de aprendizaje*. La contribución de "lo virtual". *Revista Mexicana de Investigación*

Educativa, 15 (44). En red: http://www.redalyc.org/articulo.oa?id=14012513002

Edel, R. (2010). Competencias digitales en las instituciones de educación superior. XI Congreso Nacional de Investigación Educativa. Entornos virtuales de aprendizaje (ponencia). En red:http://www.comie.org.mx/congreso/memoriaelectronica/v11/docs/area_07/0645.pdf

Edel, R. (2012). Experiencias exitosas de educación mediada por tecnología: El caso del DSAE-UV. Memorias del Simposio "Psicopedagogía en la Educación a Distancia: Investigación y práctica". Facultad de Psicología. UNAM.

Edel (2013). Evolución de las TIC: Herramientas y Plataformas. Educación y aprendizaje al Horizonte 2030. *Revista Electrónica de Divulgación de la Investigación* (5). En red: http://www.sabes.edu.mx/redi/5/pdf/SABES_1_DREDEL_V1.pdf

Edel, R. (2015). Buenas prácticas en Educación Superior mediada por Tecnología: El desarrollo de competencias para la investigación. Ponencia del Seminario Nuevas tecnologías y transformación educativa. Unidad de Seminarios Facultad de Estudios Superiores Iztacala, UNAM. 12 y 13 marzo. En red: http://www.transformacion-educativa.com/articulos-sobre-educacion-lista/114-buenas-practicas-en-educacion-superior-mediada-por-tecnologia-reflexiones-sobre-las-competencias-para-la-investigacion

ENLACES (2006). Estándares en Tecnología de la Información y la Comunicación para la Formación Inicial

Docente. Ministerio de Educación de Chile. En red:
http://www.oei.es/tic/Estandares.pdf

ENLACES (2011). Estándares en Tecnología de la Información y la Comunicación para la Formación Inicial Docente. Ministerio de Educación de Chile. En red: http://www.enlaces.cl/libros/docentes/index.html

Ferreiro y Vizoso (2008). Una condición necesaria en el empleo de las TIC en el salón de clases: La mediación pedagógica. En red: http://dialnet.unirioja.es/servlet/articulo?codigo=3662711

García, L. (2007). ¿Web 2.0 vs web 1.0?. Boletín Electrónico de noticias de Educación a distancia. En red: http://aretio.blogspot.mx/2014/01/en-octubre-de-2007-publicaba-uno-de-mis.html

González Pérez, Alicia; De Pablos Pons, Juan (2015). Factores que dificultan la integración de las TIC en las aulas. *Revista de Investigación Educativa, 33*(2), 401-417. DOI: http://dx.doi.org/10.6018/rie.33.2.198161

King-Dow (2010). An intensive ICT-integrated environmental learning strategy for enhancing student performance. *International Journal of Environmental & Science Education*.Vol. 6, No. 1, January 2011, 39-58.

Londoño, G. (2008). Aprendizaje colaborativo presencial, aprendizaje colaborativo mediado por computador e interacción: Aclaraciones, aportes y evidencias. *Revista Educación Comunicación y Tecnología*, 2 (4). En red: http://revistaq.upb.edu.co/articulos/ver/202

Ruiz-Velasco (2012). Tecnologías de la información y la comunicación para la innovación educativa. México, D.F. Díaz de Santos Colección.

Smirnov, E. & Bogun, V. (2011). Science Learning With Information Technologies as a Tool for "Scientific Thinking" in Engineering Education. *US-China Education Review* A 4, 439-463. ISSN 1548-6613. Yaroslavl State Pedagogical University, Yaroslavl, Russia.

ALFABETIZACIÓN ACADÉMICA: TEORÍAS Y COMPONENTES

Martha O.Ramírez, Ramona I. García
Maricela Urías
Instituto Tecnológico de Sonora
martha.ramirez@itson.edu.mx | imelda.garcia@itson.edu.mx
murias@itson.edu.mx

Resumen

En este trabajo se aborda la importancia que tienen la lectura y escritura académica en los estudios superiores como potencial epistémico para formarse y desenvolverse adecuadamente dentro de una comunidad científica. Se inicia con la presentación de la problemática en esas áreas y que ha sido generalizada en diversas disciplinas y ha incidido en los estudios de lingüística aplicada. Posteriormente, se describe la alfabetización académica como la respuesta a dicha problemática que presentan los estudiantes de educación superior. Por último, se relaciona a la alfabetización académica con las teorías de enseñanza de lengua, las distintas funciones que cumple el lenguaje y las diversas competencias que la componen. Como conclusión se visualiza la necesidad y urgencia de desarrollar en los estudiantes de educación superior las competencias propias de la alfabetización académica acordes a los requerimientos de los diversos campos disciplinares y profesionales.

Palabras clave: Alfabetización académica, Educación superior, estudiantes universitarios, prácticas letradas, competencia lingüística.

Introducción

Las dificultades en el área del lenguaje que presentan los estudiantes de nivel superior son un problema al que se enfrentan los maestros universitarios día a día. En este sentido, es común escuchar puntos de vista de los docentes sobre lo poco que leen sus alumnos, la mínima capacidad de comprensión que muchos tienen de los textos y los serios problemas que se les presentan al momento de expresar sus ideas por escrito (Ginevra, 2011). Estas deficiencias, que comienzan en la educación básica y son arrastradas por los alumnos hasta el nivel superior, provocan que en general los estudiantes presenten un desempeño bajo en comparación con el esperado en sus materias universitarias (Carrasco & González, 2011).

Lo anterior se ve reflejado en la poca capacidad de los alumnos al interpretar y/o producir los textos necesarios dentro de su área de estudio. De esta situación se desprenden distintos problemas escolares y académicos que no logran ser resueltos por las instituciones educativas, como son: el bajo rendimiento en los cursos, el incremento del rezago escolar, los altos índices de deserción, la ineficiencia terminal y en última instancia, la poca motivación por seguir formándose en estudios de posgrado (Zambrano & Aragón, 2015).

Actualmente, existe un interés por atender dichas deficiencias en lectura y escritura en los estudiantes de educación superior, por la importancia que tienen estas competencias para desenvolverse en contextos como el académico y el laboral. Con relación a lo anterior, el concepto de "alfabetización académica" ha cobrado importancia en los últimos años. Éste es entendido como las prácticas de analizar y producir textos académicos como requisito para aprender en la universidad; tomando en cuenta que leer y escribir no es igual en todos los ámbitos y todas las disciplinas (Sánchez, Sánchez, Méndez, & Puerta, 2013). Es decir, alfabetizar académicamente a los alumnos de nivel superior es desarrollar en ellos tanto los conocimientos propios de la disciplina a la que pertenecen, como las prácticas de lectura y escritura correspondientes, con el fin de que se apropien de los usos del lenguaje escrito tal y como se producen en su ámbito profesional (Caldera & Bermúdez, 2007).

La importancia de atender estas competencias en el nivel superior se debe a dos situaciones que caracterizan el paso de los estudiantes de bachillerato a la universidad. Por un lado, existe una diferencia muy grande entre los textos académicos exigidos en un nivel y otro. Esto quiere decir que para los estudiantes, la transición de la preparatoria a la universidad presenta serias dificultades; debido a que recaen en ellos exigencias sobre sus trabajos académicos para los que en realidad no fueron preparados. La otra situación se relaciona con el hecho de que esa transición no es igual para todos los alumnos ya que muchos no cuentan con los antecedentes escolares y familiares para ayudarlos a desarrollar las prácticas letradas (Dombek & Herndon, 2004). Las investigaciones demuestran que los índices de deserción escolar en el primer año son mayores entre los estudiantes de la clase trabajadora, donde los padres no cuentan con estudios superiores y no pueden ofrecer a sus hijos una orientación firme hacia el trabajo académico (Cisneros, Olave, & Rojas, 2013).

La educación superior y las competencias

Hoy en día los esfuerzos del gobierno mexicano en materia de educación están centrados en mejorar la calidad en el Sistema Educativo Nacional. Las principales preocupaciones son: mejorar los resultados que alcanzan los alumnos en las pruebas estandarizadas tanto nacionales como internacionales, minimizar el número de jóvenes que se encuentran fuera de la escuela y el número de alumnos que abandonan la escuela cada año (Nieto, 2009).

Para atender la calidad educativa, las competencias de lectura y escritura son en la actualidad objeto de atención; puesto que son una herramienta imprescindible para el acceso a los contenidos que se adquieren en la escuela. Es por ello que la lectoescritura es el principal objetivo de la educación básica y conforme los estudiantes avanzan en los niveles escolares, el dominio que éstos deben de tener sobre el lenguaje avanza a la par en todas sus expresiones: oral, escrita, en lectura, exposición, entre otros (López, Ramos, & Mancilla, 2008).

En cuanto a educación se refiere, la universidad cumple uno de los papeles fundamentales en la creación y transmisión de conocimiento, ya que es en ella donde los futuros profesionistas adquirirán los saberes y habilidades que les servirán para desarrollarse como seres productivos dentro de una disciplina (Quintana, García, & Hernández, 2014). Es por esto que las instituciones de educación superior deben de preocuparse por formar a sus estudiantes integralmente, pero sobre todo de formarlos permanentemente, proporcionándoles herramientas que les sirvan para seguir aprendiendo y actualizándose. Además, las exigencias hacia los egresados universitarios son cada vez más altas por lo que es necesario desarrollar en ellos las competencias que sean compatibles con el mercado laboral.

En este contexto, surgen reformas de educación superior como el Proceso Bolonia en Europa el cual tenía como objetivo adaptar los contenidos de los estudios universitarios a las demandas sociales; así como facilitar el intercambio de los egresados en todo el continente mediante la fijación de puntos comunes en los estudios académicos. Dicha reforma de unificación de los estudios superiores se extendió hasta Latinoamérica (Brunner, 2008).

El proyecto Tuning América Latina surge en el año 2004 con el fin de proporcionar una reflexión sobre los procesos de enseñanza – aprendizaje en la universidad mediante la formación de los alumnos desde un enfoque por competencias. Algunos de los puntos centrales del proyecto es mejorar la colaboración entre las instituciones de educación superior para proporcionar una educación de calidad que al mismo tiempo permita la competitividad, empleabilidad y movilidad, a partir de titulaciones sencillamente comparables y la formación de competencias profesionales. La metodología Tuning – América Latina sigue tres líneas de trabajo: (a) competencias profesionales (genéricas y específicas); (b) enfoques de enseñanza, aprendizaje y evaluación de estas competencias y (c) créditos académicos y calidad de los programas (Proyecto Tuning América Latina, 2007).

Específicamente, en la línea de trabajo de las competencias profesionales se considera a éstas como la capacidad (que incluye conocimientos, habilidades, motivos y valores) para ejercer, desenvolverse y actuar dentro de una determinada profesión; y se clasifican en dos tipos: genéricas y específicas (Ferreira & Gomes, 2013). Las competencias genéricas son los conocimientos y habilidades que son comunes y que deben generarse en todas las áreas de conocimiento; es decir, las que todos los profesionistas, sin importar de la carrera que egresen, deben dominar. Las competencias específicas son las relativas a los conocimientos propios de una determinada profesión.

Para el desarrollo de cualquier aprendizaje, ya sea dentro de las competencias genéricas o específicas, el lenguaje es el medio por el cual los estudiantes asimilan y reflexionan; por lo tanto, les es indispensable para participar en la construcción de conocimiento (González & González, 2008). Bajo esta perspectiva, el Proyecto Tuning plantea la necesidad de fomentar en los alumnos universitarios la comunicación oral y escrita en su propia lengua. Es decir, ser competente para estructurar un discurso, adaptarse a una audiencia, capacidad de transmitir ideas, en general, ser capaz de comunicarse efectivamente en su campo de conocimiento (Proyecto Tuning América Latina, 2007).

Además, si se toma en cuenta que las prácticas profesionales de hoy en día exigen que los egresados universitarios sean eficientes en las competencias propias del ejercicio de su profesión; así como ser capaces de investigar, trabajar en equipo, comunicarse correctamente mediante el lenguaje oral y escrito en su lengua materna, aprender de forma autónoma a lo largo de la vida, dominar una segunda lengua, actuar de forma ética, habilidades para la gestión tecnológica, entre otros. Entonces es importante reflexionar qué es lo que se hace para proporcionar a los estudiantes universitarios las herramientas necesarias para desenvolverse adecuadamente en el ámbito profesional.

Alfabetización académica

Conceptualización

En los últimos años se ha despertado el interés por realizar estudios sobre las habilidades de lectura y escritura de los alumnos universitarios. Expresiones como literacidad, prácticas literarias, cultura escrita y alfabetización académica son términos que pretenden denominar dichas competencias. Diversos autores y distintas disciplinas mantienen un debate sobre el término adecuado o que integra todos los elementos necesarios que las habilidades deben incluir.

Por un lado, se encuentran las posturas que categorizan estos saberes como alfabetización académica. Esta postura considera que es un proceso que se extiende a lo largo de la vida y el nivel de alfabetización exigido en cada grado escolar es el desarrollado paralelamente en el mismo nivel educativo. Por lo tanto, las exigencias en lectura y escritura del nivel superior deben ser enseñadas en este nivel y no en los anteriores (Carlino, 2013; Cisneros & Jiménez, 2010).

Para algunos autores, la alfabetización académica se refiere al proceso de enseñar a leer, escribir y estudiar en una determinada cultura escrita despertando en ellos las prácticas letradas correspondientes a su área de estudio (Carlino, 2013). Es también conceptualizada como la interacción de los alumnos de estudios superiores con la comprensión y producción de textos complejos (Narvaja, 2006). Para Padilla, Douglas y López (2010) es el conocimiento y dominio de diversos modos de comunicación que se deben tener para participar en ciertos saberes disciplinarios. En ese sentido, se entiende a los diversos modos de comunicación como la capacidad de pensamiento crítico, habilidades argumentativas, comprensión textual, formulación de premisas, contextualización, construcción de perspectivas personales, la capacidad de búsqueda eficiente de información, su análisis y posterior jerarquización, la valoración de los distintos razonamientos inmersos en los textos, el debate, entre otros.

Para Carlino (2013), la alfabetización académica se compone de dos objetivos fundamentales. Por un lado, hay que enseñar a los alumnos universitarios a participar en los géneros propios de un campo del saber; es decir, educarlos para que aprendan a leer y escribir como lo hacen los especialistas. Por otro, hay que ocuparse de enseñar las prácticas de estudio adecuadas para aprender dentro de la disciplina; aquí se trata de enseñar a leer y escribir con el fin de apropiarse del conocimiento existente en el área de la cual el alumno pretende ser parte.

Según Carlino (2006) la palabra alfabetización es una traducción de literacy del vocablo inglés; la diferencia que existe entre estos dos términos es que el vocablo inglés hace referencia a un conjunto de prácticas letradas más amplias al connotado por el término español, pues literacy se describe como la cultura literaria en cualquier nivel educativo en todas las disciplinas. Asimismo, la autora destaca que la vehemencia del concepto de alfabetización académica está en no considerarla como una habilidad básica que se desarrolla una vez en la vida y se queda para siempre.

Por otro lado, hay autores y líneas de investigaciónque describen las habilidades en lectura y escritura universitarias con el término literacidad. Según Cassany y Morales (2008) abarca todos los conocimientos, valores, actitudes y comportamientos que son necesarios para utilizar eficazmente los géneros escritos dentro de una comunidad o disciplina. Argumentan que las razones de preferir este término se debe a que permite deshacerse de los vínculos negativos que arrastra el concepto alfabetización como lo son las palabras analfabeto o analfabetismo.La literacidad crítica es el proceso de construcción de significado a partir de que el texto entra en contacto con las connotaciones que aporta cada comunidad de discurso (Arce, 2013).

Para López Bonilla y Pérez (2013) el término literacidad hace referencia a la práctica social que hacen las personas cuando leen y escriben. Mientras alfabetización es la acción pedagógica que realizan las instituciones educativas sobre las personas. Hernández (2012) explica que la literacidad es entendida como el conjunto de competencias sobre la lectura y escritura dentro de los distintos niveles educativos. Es decir, que comprende desde las prácticas más básicas, como leer y escribir, hasta las más elevadas como lo son el lenguaje científico o la literatura.

Varias de las investigaciones sobre literacidad tienen un enfoque sociocultural (en oposición a los enfoques que ponen el interés central en los aspectos lingüísticos y psico-lógicos). Dentro de dicho enfoque, el nivel de importancia se da a los rasgos verbales, discursivos, pragmáticos, cognitivos y culturales que tiene cada género del discurso.

En general, se puede decir que el fundamento de estas definiciones es el mismo, donde se entiende a estas prácticas como:

- Modos de leer y escribir diferentes para cada área de conocimiento.
- Capacidades que debe tener un alumno de educación superior para participar   activamente en la cultura discursiva de su disciplina.
- Función del lenguaje como medio para apropiarse, producir y presentar el conocimiento en una cultura disciplinar.
- Manejo (comprensión y producción) de textos complejos.

Los estudios sobre alfabetización académica surgen en las universidades de Estados Unidos de Norte América, Australia e Inglaterra hace poco más de 20 años. De éstos surgen movimientos pedagógicos como el escribir a través del currículm y escribir en las disciplinas. Ambos proponían integrar la enseñanza de la escritura en todas las materias, uno hacía énfasis en que la escritura es una herramienta para pensar y el otro enfatizaba la importancia de enseñar en la universidad los rasgos discursivos de cada campo de conocimiento (Carlino, 2013).

Hasta hace poco tiempo, la lectura y la escritura dentro del ámbito universitario eran entendidas como habilidades generales que debían desarrollarse en los niveles previos a la universidad (Carlino, 2002a). Esta consideración derivaba de conceptualizar estas prácticas como un estado de conocimiento y no como un proceso que se desarrolla a lo largo de la formación del estudiante a través de los diversos niveles educativos (Carlino, 2003). Dicha conceptualización demanda de los alumnos un cambio repentino en su papel como estudiantes, para el cual en realidad no están preparados. Es decir, la universidad requiere desde los primeros grados que los alumnos participen, en un número significativo de casos, como redactores y lectores críticos de textos complejos que están dirigidos a conocedores y expertos del tema del que tratan y no a estudiantes. Por el contrario, en la educación secundaria a los estudiantes solo se les exige ser receptores y reproductores del conocimiento que les proporcionaba el maestro y en algunos casos defender si un supuesto era cierto o falso (Marucco, 2011).

Frente a esta temática surge la importancia de ocuparse por formar lectores y escritores competentes en el contexto universitario; ya que por medio de estas herramientas el alumno comprenderá contenido, expresará ideas, argumentará, pensará clara y críticamente lo que le permitirá construir el conocimiento. Asimismo, incluir la enseñanza de la lectura y la escritura dentro de los estudios superiores permitirá que los estudiantes desarrollen la habilidad de aprender de manera autónoma.

Teorías implícitas en la alfabetización académica

El tema sobre las prácticas letradas de los alumnos universitarios ha sido de gran interés para las diversas disciplinas, lo que ha derivado en distintas teorías sobre la función que el lenguaje tiene dentro de las mismas. Un fenómeno tan complejo como lo es el lenguaje es objeto de constantes estudios y aportaciones desde las múltiples perspectivas. En concreto, en el ámbito educativo, el lenguaje es la herramienta epistémica y pedagógica que permite a docentes, estudiantes y contenidos curriculares involucrarse en el acto de enseñanza-aprendizaje. A continuación se presentan las distintas teorías lingüísticas para la enseñanza de lengua.

Gramática tradicional

Esta perspectiva fue corriente principal en el siglo XVIII y parte del XIX como método para enseñar las lenguas clásicas. Este enfoque concibe la enseñanza a partir de la memorización de normas para lograr un uso correcto del lenguaje. Además, se tiene una visión rígida en la cual se considera que el desempeño del estudiante está en función del nivel de apego que tenga a la norma establecida por la gramática. En otras palabras, cuando se presenta una variación se considera como una incorrección del idioma y no como un enunciado particular o específico de un contexto (Zambrano & Aragón, 2015).

En un momento determinado en la historia se demandaba una sistematización de las lenguas, lo que dio punto de partida a los estudios de los filósofos griegos. De esos estudios surgieron normas que pretendían regular los usos de algunas lenguas; pero con el paso del tiempo esas normas resultaron estar descontextualizadas de las necesidades lingüísticas del ser humano. La premisa anterior, muestra una arraigada concepción didáctica en la cual la evaluación o la corrección partía de los modelos ya establecidos

(Bronckart, 1980). Los métodos de enseñanza consistían en la presentación de una regla, el aprendizaje de una cierta lista de vocabulario y después ejercicios de traducción, los cuales servían para explicar un nuevo vocabulario y distintas formas y estructuras gramaticales.

Gramática comparada

Tiene un origen positivista y es la corriente que lideraba los estudios lingüísticos a mediados del siglo XX. Esta corriente concibe que la comprensión del lenguaje se genera a partir de la estructura de la misma; en otras palabras, hay un referente que es llevado a la realidad por un grupo de sujetos mediante una lengua. Para el precursor de la corriente, Ferdinand de Sausssure, las diferencias que se dan entre las lenguas se debe a la división conceptual que se crea entre sustancia y forma; es decir, entre el significado y significante. El principal aporte de Saussure con este enfoque es la construcción de su modelo lingüístico mediante el esquema sistemático del sintagma y paradigma (Zambrano & Aragón, 2015).

Con respecto a la enseñanza de la lengua, esta teoría se enfocó en estudiar las unidades que componen el sistema lingüístico y las diversas relaciones en sí misma, dejando fuera los aspectos sociales del lenguaje, o sea, los relacionados con el contexto y los usos específicos. Derivado de este enfoque varios estructuralistas fundaron la semiología (Bronckart, 1980).

Gramática generativa transformacional

Con este enfoque se cambia la perspectiva en el estudio del lenguaje y se sitúa a la sintaxis como factor primordial de la investigación lingüística. Su creador, Noam Chomsky, plantea que el ser humano tiene una capacidad lingüística innata; la cual le impide generar expresiones que no son gramaticalmente correctas. Para Chomsky comprender la representación del lenguaje es primordial para poder comprender la función comunicativa del mismo. Por lo anterior, la función del lingüista es encontrar el sistema de uso mediante diversas gramáticas con el fin de aproximarse a la descripción de la lengua (Chomsky, 1964).

Las aportaciones de esta concepción de estudio generaron un cambio en la enseñanza; ya que no solo se centraba en enseñar la forma en la que la lengua estaba organizada, sino también desarrollar la habilidad para la comunicación eficaz en contextos reales (Bronckart, 2007).

Enfoque comunicativo

En esta perspectiva se mantiene la denominación de competencia retomando el concepto chomskyano de competencia lingüística. El fundamento de dicho concepto no se limita a solamente conocer la lengua sino a analizar el cómo y con qué propósitos se utiliza ese conocimiento. Es decir, este paradigma traslada la atención hacia el conocimiento de la lengua en uso, como una herramienta que permite tanto la expresión como la comprensión personal y social (Lomás & Osoro, 1993). Según el enfoque comunicativo, la concreción de la lengua se genera cuando se unen la pragmática, el contexto lingüístico y extralingüístico y la comprensión de la situación comunicativa; de tal manera que las reglas de organización gramatical de la lengua están sujetas al uso que se haga de ellas según el contexto determinado.

En el ámbito educativo se generan los cambios necesarios para que las personas puedan funcionar en un cierto entorno sociocultural. El docente no se enfoca en formar expertos en gramática, sino lectores, escritores y oyentes competentes que manejen el código de forma tal que puedan reflexionar crítica y reflexivamente ante los actos de habla. Por lo anterior, la enseñanza no parte de reglas rígidas sino de lo que el estudiante conoce de la lengua y se toman en cuenta los contextos dialectales de los alumnos (Bronckart, 2007).

En general, el proceso de evolución de los estudios de la lengua permiten visualizar que en un principio la enseñanza del idioma en su mayoría, estaban enfocados en una perspectiva conductista donde los aspectos más estudiados eran los procedimentales y se conceptualizaba como una actividad compleja, autorregulada y de solución de problemas (Hernández, 2012). Después con las corrientes cognitivistas surgen las posturas comunicativas y socioculturales donde sus líneas de investigación estaban dirigidas a considerar los aspectos socio-funcionales, las relaciones con el contexto social y las comunidades de discurso en el que se participa (Hernández, 2012).

Distintas funciones que cumple el lenguaje dentro de la alfabetización académica

Como se puede observar, con el paso del tiempo las distintas teorías han dejado aportaciones en los estudios de lenguaje que se ven reflejados en los modelos actuales. En general, lo que las distintas teorías afirman es que el lenguaje cumple ciertas funciones dentro del discurso, el aprendizaje y el contexto donde se desarrolla.

A continuación se presentan algunas proposiciones que respaldan los estudios sobre alfabetización académica.

La alfabetización académica y la función comunicativa de la lengua escrita

Dentro del discurso, el lenguaje cumple ciertas funciones determinadas por la intención o el propósito que el emisor tiene al formular el mensaje, ya sea de forma oral o escrita. La intención comunicativa del lenguaje tiene como característica principal una función informativa donde predomina un referente y se describen situaciones, objetos, hechos o se explican circunstancias. También, tiene una función emotiva donde se comunican sentimientos, sensaciones o emociones. Asimismo, puede servir para estructurar ideas y ordenar el conocimiento propio; es decir, comunicar lo que nosotros mismos sabemos (Cassany & Morales, 2008).

Al formular un texto se tienen que tomar en cuenta múltiples factores que inciden en el uso del lenguaje. Primeramente, se planteará la situación e intención comunicativa (si se trata de informar, solicitar, justificar, expresar); con esto se elegirá el tipo de discurso que se va a utilizar (narrativo, descriptivo, diálogo, entre otros). Después se pensará en el contexto comunicativo dentro del que se desarrolla y la comunidad discursiva a la que se pertenece (Wingate & Tribble, 2012). El escritor tiene que tener en cuenta este nivel general para comenzar a escribir su texto, es por esto que es importante tener en cuenta esta función del lenguaje dentro de la alfabetización académica (Cassany & Morales, 2008).

La alfabetización académica y la función social de la lengua escrita

El lenguaje tiene también dentro de la alfabetización académica una función social donde se establecen identidades, relaciones sociales y de pertenencia de grupo. Es decir, es la forma como cada sujeto muestra su identidad profesional, como la proyecta a sus colegas, a sus lectores y con sus compañeros de disciplina. El dominar los recursos discursivos, utilizados dentro de los géneros de la propia disciplina, es fundamental para que el escritor construya una identidad positiva dentro de la comunidad académica en la cual se está desenvolviendo; esta identidad positiva es la que le servirá para ser aceptado dentro del grupo del cual quiere ser parte (Cassany & Morales, 2008). En este sentido, es importante recalcar la función del docente universitario, pues él será el encargado de facilitar la interacción de los estudiantes con las prácticas letradas propias de la disciplina, de modo que le facilite su integración a la comunidad científica.

Los nuevos estudios sobre alfabetización o prácticas letradas las conceptualizan como una práctica social contextualizada, ya que es una habilidad utilizada en todos los ámbitos y permite conseguir objetivos personales y ampliar los conocimientos y las capacidades (Guzmán & García, 2015).

La alfabetización académica y la función epistémica de la lengua escrita

El lenguaje es una herramienta que potencialmente permite al estudiante transformar el conocimiento. Esta función, a la par de la comunicativa y la social, constituye una de las funciones primarias del lenguaje verbal. En el plano específico de la lengua escrita, mediante la lectura, el alumno obtiene la información contenida en el texto y la relaciona con su conocimiento previo, lo que le permite construir el significado e incrementar su conocimiento del tema. Por medio de la escritura, el alumno reflexiona, estructura ideas y está en condiciones de plantear una postura sobre el tema (Caldera & Bermúdez, 2007).

Partiendo de esta premisa se considera que la escritura no es solo un medio que permite expresar o comunicar ideas; sino que también tiene una función epistémica que incide sobre el propio conocimiento; ya que construir textos escritos sobre conceptos, ideas y puntos de vista implica comprenderlos mejor que cuando solamente se les estudia (Carlino, 2013).

Para comprender mejor la función cognitiva de la lengua escrita, sobre todo de la llamada alfabetización académica, se puede recurrir a los conceptos utilizados por Bereider y Scardamalia citados por Hinkel (2009) quienes distinguen dos tipos de escritura: contar el conocimiento (*telling knowledge*) y transformar el conocimiento (*transforming knowledge*).

Para estos autores, escribir sobre las experiencias personales u opiniones (*telling knowledge*) representa una forma más sencilla de escribir y la cual es accesible a casi todos los usuarios de la lengua. Con base a este tipo de escritura, los sujetos pueden producir un texto sobre cualquier tema de su conocimiento y no necesitan incluir información externa. Este tipo de producciones escritas, como narraciones y ensayos de opinión, son características en el nivel básico y medio donde se les pide a los estudiantes que organicen la información, la estructuren con un orden cronológico, escriban con una adecuada redacción y tomen en cuenta las convenciones de organización del discurso. Por lo general, este tipo de redacciones exigen solo dos elementos transcendentales como lo son las afirmaciones de creencia y de razón (Bereiter & Scardamalia, 1992 citados por Hinkel, 2009).

A diferencia de la escritura para contar el conocimiento, la escritura para la transformación (*transforming knowledge*), requiere habilidades como pensar sobre un tema, obtener información de distintas fuentes para realizar un análisis y con esto modificar el propio saber. Este tipo de escritura es la que se les pide a los estudiantes universitarios, donde ya no solamente tienen que narrar u opinar sobre un tópico, sino que tienen que realizar un análisis profundo de la información y por medio de ésta transformar su propio conocimiento, para después tomar una postura sobre el tema.

En general, el planteamiento de estos autores es que contar el conocimiento y transformar el conocimiento requieren de distintas habilidades argumentativas y de generación de textos:

• La integración de contenido: es tener la habilidad para establecer una relación lógica entre el contenido de varios textos, las posturas de varios autores sobre una misma temática y el conocimiento previo que el escritor tiene del tema. Esto permitirá ampliar la información presentada y manipularla para estructurarla dentro de un texto que tenga sentido.

- Expectativas de la audiencia: tener la habilidad de escribir según las características de la audiencia a la que se dirige el texto. Es decir, tomar en cuenta si la audiencia para la que se escribe no conoce el tema o si por el contrario es experta. Lo que es esencial para aunar en los conceptos o ideas esenciales al tópico o no centrarse tanto en la definición de estos.

- Convenciones y formatos del género: tener conocimiento y dominio de los géneros discursivos y escribir bajo las normas y características de cada uno de ellos como su forma, estructura, estilo, entre otros.

- Usos de la lengua y las particularidades lingüísticas: tener conocimiento del vocabulario y terminología de la temática que se está abordando y al mismo tiempo conocer las reglas y principios que rigen el uso convencional de una lengua.

- La lógica del flujo de la información: que la estructura del discurso escrito tenga una progresión temática. Esto es, que el escritor sea capaz de conectar de forma lógica las ideas que está plasmando en el texto.

- Organización retórica: tener la habilidad de estructurar la información según se considere lo más conveniente a la temática abordada, ya sea en forma comparativa, presentando una situación – problema, una causa - efecto entre otros.

Componentes de la alfabetización académica

Derivado de lo que ya se ha presentado se visualiza a la alfabetización académica como una competencia que se compone de otras que son necesarias para participar en las prácticas letradas de una disciplina. Dichas competencias son: sociolingüísticas, digitales, lingüísticas y normas éticas en el ámbito académico.

Competencia sociolingüística

Es entendida como la capacidad que tiene una persona para desenvolverse como productor y comprensor de expresiones lingüísticas en diferentes contextos de uso. Los factores que influyen en el proceso son: la situación dada entre los participantes y la relación existente entre ellos, sus intenciones comunicativas, el acontecimiento comunicativo en el que están participando y las reglas y convenciones que reglamentan la interacción (Pilleux, 2001).

Para los estudios sociolingüísticos, el contexto es un elemento fundamental en el acto comunicativo. El modelo SPEAKING (ver tabla 1) desarrollado por Dell Hymes (citado por Pilleux, 2001) permite realizar un análisis del contexto. Para este autor, el contexto tiene una mayor implicación que el texto (este término entendido como lo que se dice concretamente), ya que éste determina totalmente el contenido dentro del acto de habla. El modelo de análisis propuesto por Hymes divide la variable de contexto en diferentes elementos.

Tabla 1:
Modelo SPEAKING

S	*Situación*: comprende la situación en la que se da la comunicación y responde a las preguntas ¿dónde? y ¿cuándo?
P	*Participantes*: incluye a las personas que se relacionan de forma lingüística. Responde a las interrogantes ¿quién? Y ¿a quién?
E	*Finalidad*: es la intención del hablante al comunicar algo y de los resultados que espera obtener al comunicarlo. Responde al cuestionamiento ¿para qué?
A	*Actos*: hace referencia al contenido del mensaje (tópico o tema) y el estilo utilizado para comunicarlo. Responde a la pregunta ¿qué?
K	*Tono*: expresa la forma en la que se ejecuta el acto. Un enunciado puede variar su significado, desde un punto de vista gramatical, dependiendo del modo en el que se expresa ya sea en serio, broma o sarcasmo; en este sentido se anula su significado semántico original. Responde al ¿cómo?
I	*Instrumentos*: está conformado por dos elementos, el canal y las formas de las palabras. El canal puede ser oral, escrito y lenguaje no verbal. La forma de las palabras considera los aspectos diacrónicos de las mimas, su especialización o uso. Responde a la pregunta ¿de qué manera?
N	*Normas*: comprende las normas de interacción e interpretación. Las primeras tienen que ver con la regulación de la interacción (cuándo dirigir la palabra, los turnos, cuándo interrumpir). Las segundas involucran todo el sistema de creencias de una comunidad; las cuales son transmitidas y recibidas dentro de un sistema de representaciones y costumbres compartidas dentro de un ámbito sociocultural específico. Responde a la pregunta ¿qué creencias?
G	*Género*: se refiere al uso de las distintas categorías de discurso existente. Responde a ¿qué tipo de discurso?

Fuente: (Pilleux, 2001)

La competencia sociolingüística se enfoca en los recursos de una comunidad en particular que no incluye solamente los aspectos gramaticales, sino también el conjunto de potenciales lingüísticos, las interacciones pautadas por los diversos tipos de discurso y la organización social. En este sentido, el comportamiento social se considera fundamental para garantizar la comunicación efectiva. Por lo tanto, hay que contemplar, dentro de la alfabetización académica, los distintos contextos en los que se puede dar el acto, ya que los hablantes poseen ciertos conocimientos y códigos de conducta que darán la pauta para sus actuaciones lingüísticas (Galino, 2005). En las prácticas letradas, la competencia sociolingüística tiene un papel importante, ya que ésta marcará la diferencia del uso y comprensión de los temas y conceptos a los que los alumnos se enfrentan al estudiar una ciencia específica.

Las universidades deben tener en cuenta este supuesto debido a que al adentrar a sus estudiantes a los contenidos de un área específica deben visualizar que el contexto es único, delimitado y por lo tanto, no es una competencia que se desarrolló en los años anteriores. Por el contrario, debe existir un interés por parte de las instituciones de ayudar a promover en los estudiantes el compromiso, los conocimientos y las interacciones adecuadas para que el lenguaje sea una herramienta que les permita apropiarse de los nuevos saberes que les serán expuestos.

Competencia digital

La alfabetización digital se considera como el conjunto de habilidades que son necesarias para manejar una computadora y los distintos programas digitales que le servirán al usuario para leer y escribir mediante los aparatos electrónicos; así como utilizar internet como herramienta para buscar, encontrar y evaluar la información contenida en la red (Bawden, 2002; Trujillo, López, & Pérez, 2011). Gros y Contreras (2006) consideran que la alfabetización digital académica está constituida por habilidades menores como: (a) el saber buscar información en medios digitales; (b) de esa búsqueda ser capaz de seleccionar, evaluar y clasificar la información confiable; (c) asimismo se necesita comprender la información contenida en las lecturas que se seleccionaron para saber qué hacer con dicha información; (d) destreza para construir un texto partiendo de información proveniente de diferentes fuentes; (e) contactar a otras personas para debatir temas o pedir ayuda y (f) tener la capacidad de comprender la raíz de un problema y saber cómo resolver esa necesidad de información.

Para Aguiar, Ramírez y López (2014) los estudiantes universitarios de la actualidad tienen que ser competentes en literacidad digital académica. Por tal motivo, las Tecnologías de la Información y la Comunicación (TIC) se deben integrar de forma natural al currículum universitario, enfocándose en orientar el uso objetivo de estas herramientas en el proceso educativo. Lo anterior permitirá que los alumnos desarrollen su propio conocimiento y generen un aprendizaje significativo y se dejará de ver o utilizar estas herramientas solamente como un medio de comunicación o socialización.

El concepto de la competencia digital es abordado de formas distintas por los autores que la estudian. En general, todos mencionan que dicha competencia es conformada por el conjunto de conocimientos, destrezas, valores y actitudes para utilizar las TIC en la búsqueda eficaz de información y resolución de problemas. Para lograr lo anterior, los alumnos deben de saber administrar dispositivos, utilizar programas y sistemas específicos, manipular contenido multimedia, conjuntos de datos y entablar comunicaciones efectivas mediante distintas redes y plataformas académicas (Aguiar, Ramírez, & López, 2014).

Esto quiere decir que dentro de las habilidades que se tienen que desarrollar en los alumnos universitarios se encuentran: el saber buscar información en los medios adecuados como bases de datos de información científicas, revistas indexadas, de divulgación académica, entre otros; evaluar la información encontrada en la red y sobre todo saber qué hacer con la información recopilada como lo es el leer y escribir adecuada y críticamente en los entornos digitales (Escontrela & Stojanovic, 2004).

De esta forma, la competencia digital es otro elemento importante en el desarrollo de la alfabetización académica. Esto se debe a que por un lado se debe enseñar a utilizar la tecnología para buscar, generar y compartir conocimiento; y por otro, su uso debe ayudar al aprendizaje significativo de los estudiantes (Bravo & Pérez, 2008). Si la alfabetización académica demanda que los estudiantes sean competentes para leer y escribir dentro de una disciplina, entonces demanda que los estudiantes sean competentes para buscar la información que leerán digitalmente; además de utilizar las tecnologías para generar y compartir sus textos.

Normas éticas en el ámbito académico

Dentro de la alfabetización académica se encuentran componentes actitudinales y valorativos que pueden denominarse como el manejo ético de la información en el ámbito académico. El que los alumnos comprendan la importancia de este componente y aprendan a utilizarlo es crucial para su desempeño en el contexto académico y profesional. El plagio dentro del ámbito académico es entendido como el acto de utilizar información y adjudicársela como propia. Se puede decir que el plagio se caracteriza de dos formas: (a) utilizar una obra ajena de forma literal y (b) utilizar una obra a la que se le realizan algunas modificaciones con el fin de encubrir la copia (Rojas & Olarte, 2010).

Existen varios tipos de plagio como el intencional o accidental; en muchos casos la línea que divide uno de otro es tan delgada que el escritor novato no puede distinguir cuándo una conducta implica plagio y cuándo no. Se considera accidental cuando se realizan notas de ciertas fuentes que resultan adecuadas y al pasar el tiempo ya no puede recordar las partes que fueron copiadas y las que no. Asimismo, cuando se parafrasea información escrita por alguien más y se le cambia algunas palabras o el orden de las oraciones, pensando que con estas modificaciones puede utilizar esta redacción como propia. También cuando utiliza notas que realizó en un curso anterior sin tomar en cuenta que el contenido fue adaptado de otra fuente. El plagio intencional es entendido como el uso deliberado de ideas, textos, fragmentos de textos, etc., de otras personas como propios (Creme & Lea, 2000).

Este tipo de conductas se ha vuelto común en el ámbito estudiantil, ya que existe una situación que favorece este hecho por la disponibilidad de información que se encuentra en los medios digitales y la facilidad de copiar y pegarlos dentro de un texto. Dicho escenario se presenta comúnmente en el nivel previo a la universidad, donde hay poco control en este aspecto por parte de los maestros. Por lo tanto, uno de los requerimientos fundamentales de la escritura académica es darle el reconocimiento a quien pertenece, por medio de citas y referencias a los autores que han desarrollado dichas ideas. Para contrarrestar esta situación los docentes deben de ayudar a sus estudiantes a desenvolverse como sujetos transformadores de conocimiento y no solo como recolectores de información (Rojas & Olarte, 2010).

Competencia lingüística.

Intrínsecamente a la alfabetización académica, la concepción del lenguaje verbal no puede restringirse a una visión puramente instrumental o comunicativa sino a un sentido más amplio. Dentro de esta competencia se confronta a una concepción de la lengua escrita en la educación superior como puramente relacionada con destrezas mecánicas de tipo lingüístico. En los dos casos resulta crucial la aplicación de un concepto amplio de lengua, tal como lo propone Weiderman (2003) en la columna de la derecha de la tabla 2.

Tabla 2: Dos perspectivas sobre el lenguaje

Restrictivo	Abierto
La lengua está compuesta de elementos:	La lengua es un instrumento social para:
• Sonidos	• mediar y
• forma, gramática	• negociar la interacción humana
• significado	• en contextos específicos
Función principal: expresión	Función principal: comunicación
Aprendizaje de la lengua = manejo de la estructura	Aprendizaje de la lengua = llegar a ser competente en la comunicación
Foco: lenguaje	Foco: proceso de uso del lenguaje

Fuente: Weideman, 2003, p.4

En la tabla 2, la columna de la izquierda se centra en aquellos aspectos de forma y contenido de la lengua entendida como un sistema que el sujeto tiene que adquirir. Normalmente, el contexto de adquisición es el familiar y el escolar, pero en ese proceso no se pone énfasis en el carácter intencional de la conducta lingüística. El conocimiento del lenguaje en este enfoque tiene un carácter formal y se orienta hacia la expresión de significados estructurados por los subsistemas de la lengua: el fonológico, el morfosintáctico y el semántico.

Por el contrario, en la columna de la derecha, la concepción del lenguaje tiene un carácter interaccional y social, orientado a su uso para alcanzar metas personales y de grupo en el contexto de la comunidad de hablantes. El sentido de la actividad lingüística no es sólo expresivo, sino preferentemente comunicativo y pragmático, orientado hacia la acción social. Si en el enfoque restrictivo especificado por Weideman, el conocimiento lingüístico es la estructura, en el enfoque amplio o abierto, es el proceso orientado a propósitos. Esta es la concepción de lenguaje que debe estar ligada al análisis y la evaluación de la alfabetización académica en contextos universitarios. Una concepción con un enfoque restrictivo llevaría a concebir la alfabetización académica como un conjunto de destrezas puramente formales que pueden separarse de los contextos de su aplicación. Por tal motivo, se concibe a la alfabetización académica como una competencia que toma en cuenta componentes intencionales como los propósitos, las actitudes y los valores; también, los componentes contextuales y su relación con las tecnologías de la comunicación y la información que influyen y potencian el uso de la lengua escrita en las aulas y ambientes de aprendizaje en las instituciones universitarias contemporáneas.

Con base en esta conceptualización, las habilidades propiamente lingüísticas, que son componentes fundamentales de la alfabetización académica como conjunto de competencias, se organizan en dos grandes campos: el conocimiento lingüístico y las competencias estratégicas. Ambos conceptos han sido tomados del trabajo pionero de Bachman y Palmer (1996) sobre evaluación lingüística. En la Tabla 3, se presentan los subcomponentes del conocimiento lingüístico; es decir, cada uno de los elementos que se incluyen en el conocimiento tanto de tipo gramatical como pragmático.

Tabla 3:

Áreas de conocimiento lingüístico

Conocimiento organizacional	Cómo están organizados los enunciados u oraciones y los textos
Conocimiento gramatical	Cómo están organizados los enunciados o las oraciones individuales: • Conocimiento del vocabulario • Conocimiento de la sintaxis • Conocimiento de la fonología/grafología
Conocimiento textual	Cómo los enunciados o las oraciones están organizados para formar textos: • Conocimiento de la cohesión • Conocimiento de la organización retórica o conversacional
Conocimiento pragmático	Cómo los enunciados o las oraciones y los textos están relacionados con las metas comunicativas del usuario de la lengua y con las características de la situación de uso de la lengua
Conocimiento funcional	Cómo los enunciados o las oraciones y los textos están relacionados con las metas comunicativas de los usuarios de la lengua: • Conocimiento de las funciones ideacionales • Conocimiento de las funciones manipulativas • Conocimiento de las funciones heurística • Conocimiento de las funciones imaginativas
Conocimiento sociolingüístico	Cómo las oraciones o enunciados y los textos está relacionados con característica de la situación de uso de la lengua: • Conocimiento de los dialectos/variedades • Conocimiento de los registros • Conocimiento de las expresiones naturales o idiomáticas • Conocimiento de las referencias culturales y las figuras del lenguaje

Fuente: Bachman y Palmer (1996, p. 68).

Para Bachman y Palmer, el conocimiento lingüístico puede concebirse como un dominio de información en la memoria que está disponible para su uso por medio de estrategias metacognitivas en la creación e interpretación del discurso en los contextos de uso lingüístico. El campo del conocimiento organizacional está orientado a controlar la estructura formal de la lengua, para producir y comprender enunciados u oraciones gramaticalmente aceptables y para organizarlas en la formación de textos, tanto orales como escritos. El conocimiento organizacional incluye el conocimiento gramatical y el textual, tal como se visualiza en la figura 1.

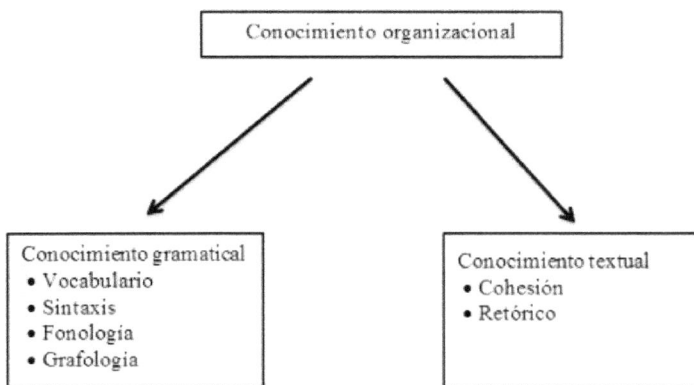

Figura 1: El conocimiento organizacional

Por otra parte, el conocimiento pragmático incluye dos tipos de componentes: el funcional y el sociolingüístico. Ambos tendrán una importancia en la definición de aquellos aspectos de la actividad letrada de los estudiantes universitarios que habrán de evaluarse empíricamente para determinar su nivel de competencia en el campo de la alfabetización académica. Las relaciones jerárquicas de los componentes del conocimiento pragmático se presentan en la Figura 2.

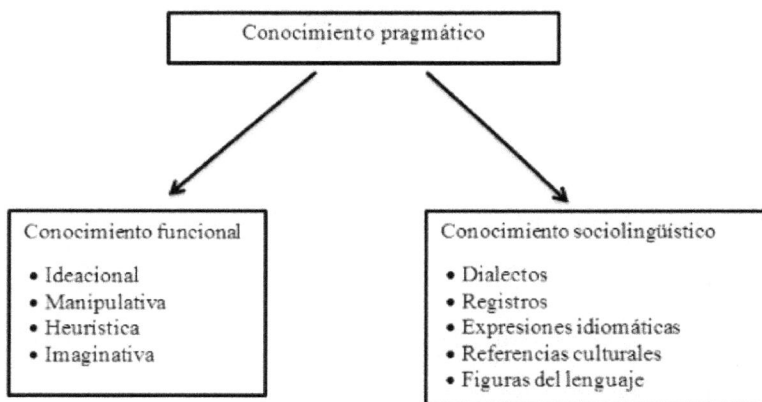

```
              ┌──────────────────────────────┐
              │   Conocimiento pragmático    │
              └──────────────────────────────┘
                 ╱                      ╲
┌─────────────────────────┐   ┌──────────────────────────────┐
│ Conocimiento funcional  │   │ Conocimiento sociolingüístico│
│                         │   │                              │
│ • Ideacional            │   │ • Dialectos                  │
│ • Manipulativa          │   │ • Registros                  │
│ • Heurística            │   │ • Expresiones idiomáticas    │
│ • Imaginativa           │   │ • Referencias culturales     │
│                         │   │ • Figuras del lenguaje       │
└─────────────────────────┘   └──────────────────────────────┘
```

Figura 2: El conocimiento pragmático

La otra área fundamental del conocimiento lingüístico a analizar y evaluar, en su concreción dentro de la alfabetización académica, es lo que Bachman y Palmer (1996) denominan como competencia estratégica. La tabla 4 muestra cómo se desglosa cada uno de los componentes de esta área.

Tabla 4.
Áreas de uso de estrategias metacognitivas

Definición de metas (decidir lo que se va a realizar)	• Identificar las tareas. • Escoger una o más tareas de un conjunto posible (a menudo solo una, si es que no se presentan alternativas). • Decidir si se completa la tarea seleccionada.
Evaluación (inventariar lo que se requiere, con lo que se trabajará y de qué tanto se dispone)	• Evaluar las características de la tarea para determinar la deseabilidad y factibilidad del logro. • Evaluar los componentes de conocimiento (tópico y lingüístico) de los que se dispone para alcanzar completar la tarea exitosamente. • Evaluar la corrección o adecuación de las respuestas a la tarea.
Planeación (decidir sobre cómo usar los recursos disponibles)	• Seleccionar los elementos de las áreas del conocimiento del tópico y del conocimiento lingüístico para completar exitosamente la tarea. • Formular uno o más planes para implementar estos elementos en respuesta a la tarea. • Seleccionar un plan para la implementación inicial como respuesta a la tarea

Fuente: Bachman y Palmer (1996, p. 71).

Este conjunto de componentes constituyen el campo orientado a la acción intencional en los usos lingüísticos contextualizados, en este caso, las prácticas de alfabetización académica en estudiantes de educación superior. Su categorización permite precisar elementos tangibles y, hasta cierto punto, observables, para su análisis y evaluación. Las relaciones jerarquizadas se pueden establecer esquemáticamente para su mayor control (véase figura 3).

```
┌─────────────────────────────────┐
│      Competencia estratégica    │
└─────────────────────────────────┘
```

Evaluación	Planeación
• Deseabilidad y factibilidad	• Seleccionar recursos
• Disponibilidad de conocimiento	• Formular planes
• Corrección y adecuación	• Seleccionar planes
	• Figuras del lenguaje

Figura 3: Estrategias metacognitivas

Conclusiones

Como reflexión final se considera que es necesario que las instituciones de educación superior formen a los estudiantes visualizándolos como miembros de una comunidad científica y bajo esa perspectiva, ofrecerles una formación integral que les permita desenvolverse en ese campo disciplinar específico. Para lograr lo anterior, la lectura y escritura son los elementos indispensables para la construcción de conocimientos específicos, la apropiación de los mismos y la adecuada comunicación de esos conocimientos entre los integrantes de la comunidad.

Se considera que actualmente no se ejerce la alfabetización académica debido a la fuerte influencia que todavía existe de los modelos tradicionales de enseñanza de la lengua. Es decir, en la actualidad aún se pone énfasis en que los estudiantes dominen primeramente las reglas básicas de la gramática y ortografía; por lo que se siguen ofertando cursos y talleres remediales para lograr el dominio de las convenciones. Además, en muchas ocasiones se busca a profesores del área de lengua para impartir dichos cursos remediales. A este respecto se coincide con Carlino (2013) al afirmar que no puede recaer en un profesor de lengua la responsabilidad de alfabetizar académicamente a los estudiantes universitarios; pues a pesar de ser especialistas en lengua, él no domina los distintos modos y formatos de escritura que tiene cada campo disciplinar. Quienes sí los conocen a fondo son los expertos y profesores investigadores de las distintas disciplinas, y por lo tanto, son ellos las personas idóneas para enseñarlo.

Por último, resulta indispensable que las universidades presten atención a las deficiencias en el área de lenguaje que presentan sus alumnos. Los diversos estudios existentes hasta el momento, manifiestan la indiscutible problemática (Carrasco & González, 2011; Ginevra, 2011; Zambrano & Aragón, 2015). El trabajo ahora es desarrollar e implementar estrategias dentro del currículum universitario para alfabetizar académicamente a los estudiantes.

Referencias

Aguiar, J., Ramírez, A., & López, R. (2014). Literacidad digital académica de los estudiantes universitarios: un estudio de caso. Revista Electrónica de Investigación y Docencia 11, 123-146. Recuperado de http:// revistaselectronicas.ujaen.es/index.php/reid/article/viewFile/1257/1083.

Arce, L. (2013). La literacidad crítica en la universidad: análisis de una experiencia. Zona Próxima, 18 (1),

93-102. Recuperado de http://www.redalyc.org/pdf/853/85328617008.pdf.

Bachman, L., & Palmer, A. (1996). Language testing in practice: designing and developing useful language test. Oxford: Oxford University Press.

Bravo, M., & Pérez, I. (2008). La cultura tecnológica en instituciones educativas. Laurus 14 (27), 382-394. Venezuela: Universidad Pedagógica Experimental Libertados. Recuperado de http://www.redalyc.org/pdf/761/76111892019.pdf.

Bronckart, J. (1980). Teorías del lenguaje. Introducción crítica. Editorial Herder: Barcelona.

Bronckart, J. (2007). Desarrollo del lenguaje y didáctica de las lenguas (2da. Ed.). Argentina: Miño y Dávila Editoriales.

Brunner, J. (2008). El proceso de Bolonia en el horizonte latinoamericano: límites y posibilidades. Revista educación, número extraordinario, 119-145. Recuperado de http://www.revistaeducacion.mec.es/re2008/re2008_06.pdf

Caldera, R., & Bermúdez, A. (2007). Alfabetización académica: comprensión y producción de textos. Educere 11 (37), 247-255.

Carlino, P. (2002a). ¿Quién debe ocuparse de enseñar a leer y a escribir en la universidad? Tutorías, simulacros de examen y síntesis de clases en las humanidades. Lectura y Vida 23 (1), 4-14.

Carlino, P. (2003). Alfabetización académica: un cambio necesario, algunas alternativas posibles. Educere 6 (20), 409-420.

Carlino, P. (2004). Escribir a través del currículum: tres modelos para hacerlo en la universidad. Lectura y vida 25 (1), 16-27.

Carlino, P. (2006). Escribir, leer y aprender en la universidad. Una introducción a la alfabetización académica (2° ed.). Buenos Aires: Fondo de Cultura Económica.

Carlino, P. (2013). Alfabetización académica diez años después. Revista Mexicana de Investigación Educativa, 18(57), 355-381. Recuperado de http://www.redalyc.org/articulo.oa?id=14025774003

Carrasco, A., & González, K. (Noviembre, 2011). Dificultades de escritura entre estudiantes universitarios. Trabajo presentado en el XI Congreso de Investigación Educativa, México D.F.

Cassany, D., & Morales, O. (2008). Leer y escribir en la universidad: hacia la lectura y la escritura crítica de géneros científicos. Revista Memoralia, (5), 69-82.

Cassany, D., & Morales, O. (2008). Leer y escribir en la universidad: hacia la lectura y la escritura crítica de géneros científicos. Revista Memoralia, (5), 69-82.

Chomsky, N. (1964). Current issues in linguistic theory & topics in the theory of generative grammar. The Hague: Mouton.

Cisneros, M., & Jiménez H. (2010). Alfabetización académica y profesional como directrices de la acción formativa en la educación superior. En: G. Parodi (Ed.), Alfabetización académica y profesional en el Siglo XXI: leer y escribir desde las disciplinas (pp. 291-316). Barcelona: Ariel.

Cisneros, M., Olave, G., & Rojas, I. (2013). Alfabetización académica y lectura inferencial. Bogotá: Ecoe.

Creme, P., & Lea, M. (2000). Escribir en la universidad. Barcelona: Gedisa.

Dombek, K., & Herndon, S. (2004). Critical passages: Teaching the transition to college composition. New York: Teachers College Press.

Escontrela, R., & Stojanovic, L. (2004). La integración de las TIC en la educación: apuntes para un modelo pedagógico pertinente. Revista Pedagógica, 25 (74), 481-502. Recuperado de http://www.scielo.org.ve/scielo.php?script=sci_arttext&pid=S0798-97922004000300006

Ferreira, C., & Gomes, P. (2013). Proyecto Tuning América Latina en las universidades brasileñas: características y ámbitos en el área de la educación. Paradigma 34(1), 83-96. Recuperado de http://www.scielo.org.ve/scielo.php?pid=S1011-22512013000100006&script=sci_arttext

Galino, M. (2005). La importancia de la competencia sociocultural en el aprendizaje de segundas lenguas. Interlingüística, 16 (1), pp. 431-441.

Ginevra, G. (2011). Factores que influyen positiva o negativamente en el desarrollo de la alfabetización académica en L2 en la educación superior. Razón y palabra 75(1). Recuperado de http://www.razonypalabra.org.mx/N/N75/varia_75/varia3parte/33_Ginevra_V75.pdf

Gonzáles, V., & González, R. (2008). Competencias genéricas y formación profesional: un análisis desde la docencia universitaria. Revista Iberoamericana de

Educación 2 (47), 185-209. Recuperado de http://www.rieoei.org/rie47a09.pdf

Gros, B., & Contreras, D. (2006). La alfabetización digital y el desarrollo de las competencias ciudadanas. Revista Iberoamericana de Educación 42,103-155. Recuperado de http://www.rieoei.org/rie42a06.htm.

Guzmán, F., & García, E. (2015). La evaluación de la alfabetización académica. Relieve, 21 (1). Recuperado de http://www.uv.es/RELIEVE/v21n1/RELIEVEv21n1_ME2.pdf.

Heikel, E. (2004). Teaching Academic ESL writing: Practical Techniques in Vocabulary and grammar. New Jersey: Lawrence Erl Baum Associates, Inc.

Hernández, G. (2012). Teorías implícitas de escritura en estudiantes pertenecientes a dos comunidades académica distintas. Perfiles educativos XXXIV (136), 42 – 62. Recuperado de http://www.redalyc.org/articulo.oa?id=13223068004.

Lomás, C., & Osoro, A. (1993). El enfoque comunicativo de la enseñanza de la lengua. Barcelona: Paidós.

López, M., Ramos, R., & Mancilla, M. (2009). La adquisición de la lectura y escritura en educación básica desde las teorías interaccionistas sujeto- ambiente. El caso de tres escuelas primarias de Tuxtla Gutiérrez, Chiapas. Ponencia en extenso México: COMIE. Recuperado de http://www.comie.org.mx/congreso/memoriaelectronica/v10/pdf/area_tematica_01/ponencias/1055-F.pdf.

López-Bonilla, G. & Pérez, C. (2013). Debates actuales en torno a los conceptos "alfabetización", "cultura escrita" y "literacidad". En Carrasco, A. & López-

Bonilla, G. (Coord.), Lenguaje y educación: temas de investigación educativa en México 21-45. México: Fundación SM ediciones / IDEA.

Marucco, M. (2011). ¿Por qué los docentes universitarios debemos enseñar a leer y a escribir a nuestros alumnos? Revista Electrónica de Didáctica en Educación Superior, 19 (3), 1-7. Recuperado de http://www.biomilenio.net/RDISUP/numeros/02/02.%20marucco.pdf

Narvaja, E. (2006). Incidencia de la lectura de pares y expertos en la reescritura de tramos del trabajo de tesis. Revista de Lingüística teórica y Aplicada, 44 (1), 95-118.

Nieto, D. (2009). Análisis de las políticas para maestros de educación básica en México. México: OCDE. Recuperado de http://www.oecd.org/mexico/44906091.pdf

Padilla, C., Douglas, S. & López, A. (2010). Competencias argumentativas en la alfabetización académica. Revista d'innovació educativa, 4(1), 2-12.

Pilleux, M. (2001). Competencia comunicativa y análisis del discurso. Estudios filológicos, (36), 143-152. Recuperado de http://www.scielo.cl/scielo.php?script=sci_arttext&pid=S0071-17132001003600010&lng=es&tlng=pt.%2010.4067/S0071-17132001003600010

Proyecto Tuning América Latina. (2007). Reflexiones y perspectivas de la Educación Superior en América Latina. Informe final Proyecto Tuning-América Latina 2004-2007: América Latina: Publicaciones Universidad de Deusto

Quintana, H., García, M., & Hernández, C. (2014). La alfabetización académica en el paradigma educativo puertorriqueño: políticas y proyectos. Traslaciones Revista Latinoamericana de Lectura y Escritura 1 (2), 174-195. Recuperado de http://revistas.uncu.edu.ar/ojs/index.php/traslaciones/article/view/250/130

Quintana, H., García, M., Arribas, M., & Hernández, C. (2010). Alfabetización académica y profesional como directrices de la acción formativa en la educación superior. En: G. Parodi (ed.), Alfabetización académica y profesional en el Siglo XXI. Leer y escribir desde las disciplinas (pp. 21-48). Santiago de Chile: Ariel.

Rojas, M., & Olarte, J. (2010). Plagio en el ámbito académico. Revista Colombiana de Anestesiología, 38 (4), 537-538. Recuperado de http://www.redalyc.org/articulo.oa?id=195119002010

Sánchez, A., Sánchez, L., Méndez J., & Puerta, A. (2013). Alfabetización académico-investigativa: citar, argumentar y leer en la red. Revista Lasallista de Investigación, 10(2), 151-163. Recuperado de http://www.redalyc.org/articulo.oa?id=69529816015

Trujillo, J. M., López, J.A., & Pérez, E. (2011). Caracterización de la alfabetización digital desde la perspectiva del profesorado: la competencia docente digital. Revista Iberoamericana de Educación, 55(4). Recuperado de http://www.rieoei.org/deloslectores/3879Trujillo.pdf

Vázquez, A. (2005). ¿Alfabetización en la universidad? En A. Rivarosa, (Comp.) Estaciones para el debate. Un mapa de diálogo con la cultura universitaria. Argentina: Universidad Nacional de Río Cuarto.

Weideman, A. (2003). Assenssing and developing academic literacy. Per linguam 19 (1), 55-65.

Wingate, U., & Tribble, C. (2012). The best of both worlds? Towards an English for Academic Purposes. Academic Literacies writing pedagogy. Studies in Higher Education, 37(4), 481-495.

Zambrano, J., & Aragón de Moreno, A. (2015). Enseñar a leer y escribir en la universidad: logros y desafíos. Educere, 19(63) 499-511. Recuperado de http:// www.redalyc.org/articulo.oa?id=35643049013.

SOBRE LOS AUTORES

Javier F. García

El Dr. Javier F. García se graduó como ingeniero metalúrgico con honores, obtuvo la Maestría en Ciencias por acreditación y el titulo de Dr. en Ciencias de los Materiales, por la Universidad Tecnológica de Donetsk, Ucrania, donde cursó estudios entre 1972 y 1981. Durante su trayectoria laboral, el Dr. García, ha desarrollado actividades tanto en el orden académico como empresarial, en diversos ámbitos como el ingenieril, gestión, informacional y educacional y tecnológicos, destacando en su labor el desarrollo de proyectos relacionados con la creación de nuevos equipos y materiales, la gestión del conocimiento y proyectos educativos innovadores, fundamentalmente, en educación a distancia y ambientes virtuales.

Actualmente, el Dr. García se desempeña como Director Académico de Humboldt International University, Profesor Adjunto de Nova Southeastern University e investigador visitante del Grupo ARDOPA de la Universidad de Extremadura, España. Obtuvo la posición de Profesor Titular del Instituto de Gestión del Conocimiento en Ambientes Virtuales de la Universidad de Guadalajara, donde colaboró como profesor e investigador hasta el año 2010. En esta institución coordinó las carreras de Tecnologías de Información y Biblioteconomía y presentó el proyecto de la Carrera de Gestión del Conocimiento. Los trabajos de investigación desarrollados por el Dr. García en el ámbito educativo han posibilitado el desarrollo y asesoría de universidades a distancia, nuevos modelos de diseño curricular e instruccional, evaluación de programas y aprendizaje en ambientes virtuales, entre otros importantes resultados, lo cual hace que sea reconocido como un importante experto en proyectos de educación a distancia, en el ámbito iberoamericano. El Dr. García ha investigado, además, en proyectos de gestión de información y el conocimiento, obteniendo como uno de los resultados más destacados el desarrollo del modelo de evaluación que dio pie a la creación del Observatorio para la Evaluación en Ambientes Virtuales, del cual ha fungido como Director. En el año 2012, junto con el equipo de desarrollo del Observatorio, el Dr. García recibió el premio IberVirtual, en el I Concurso de Buenas Prácticas IberVirtual, adscrito a la Cumbre Iberoamericana de Jefes de Estado y de Gobierno.

El Dr. García ha publicado más de 65 documentos académicos incluyendo 16 artículos en revistas indexadas, 5 libros, 6 reportes de investigación de proyectos, 15 capítulos de libros, ha presentado más de 30 ponencias en congresos internacionales. Ha participado en proyectos de investigación en Estados Unidos, España, México, Rusia, Ucrania y Cuba entre otros países. Es evaluador de diversas revistas y congresos internacionales. Posee amplia experiencia como director de tesis doctorales y como docente en ambientes virtuales, en materias como: gestión de proyectos, gestión de información y el conocimiento, metodología de investigación, desarrollo de recursos educativos, entre otras. Posee premios y reconocimientos internacionales por su labor docente y de investigación. El Dr. García es miembro de diversas redes internacionales, como el Espacio Común de Educación a Distancia, el Aula Común Iberoamericana CAVILA, Directory of Experts in Information Handling, entre otras redes.

Michael Meir

Es un cardiólogo innovador, con subespecialidades en Hemodinamia y Medicina Aeroespacial, investigador, entrenador y coach en Desarrollo del Potencial Humano con una destacada trayectoria en Argentina, así como los Estados Unidos. Es trainer de trainers, educador, psicoterapeuta y líder de seminarios.

El Dr. Meir ha sido reconocido internacionalmente por su papel de liderazgo en el Desarrollo del Potencial Humano. Integró en su práctica el Método De Rivka para Detener, Prevenir y Revertir Enfermedades y Conflictos. Consultor y psicoterapeuta también vía telefónica (Tele-coaching y Tele-psicoterapia). En su trayectoria académica se destaca como profesor de Touro College en las áreas de psicología y en el Physician Assistant Program. Ha sido Decano de la División de Ciencias y Technologías para la Salud de TCI College en New York. Este College ha sido fundado hace 104 años por el laureado Premio Nobel Guglielmo Marconi.

Ha sido una figura clave en el desarrollo del Instituto R. Bertisch. Se desempeñó como Vice Presidente y Entrenador de Synergistics International, Argentina; Profesor en la Escuela de Consejeros de la Fundación Bertisch R., co-Entrenador del Ministerio de Relaciones Exteriores.

Michael ha realizado talleres de capacitación empresarial para muchas cámaras de comercio, incluyendo la New

York State Hispanic Chamber of Commerce y muchas organizaciones privadas y gubernamentales.

Premios y Distinciones. (lista parcial)

- Guest of Honor, Twenty Second Greater New York Conference on Behavioral Research at Touro College, NY
- Benjamin B. Wolman Certificate of Recognition, The International Organization of the Study of Group Tensions, Psychology Department, Pace University.
- American Psychological Association – Division of International Psychology. Presidential Citation for Extraordinary Service as Chairperson of the International Liaison Committee.
- Crown of Aragon-Spain. "Antiguo Reino de la Corona de Aragon"-Honorary Member-Historic Institute
- Cartier International Prize, Miami, Fla. Outstanding professional in Human Development and Community Service
- San Martin Society – New York, U.N. (United Nations). Outstanding work in Community Service.

Silvia J. Pech

Doctora en Filosofía y Ciencias de la Educación por la Universidad Complutense de Madrid (UCM), actualmente es Profesora Asociada en la Universidad de Castilla La Mancha (UCLM). Ha sido Profesora Investigadora Titular C de Tiempo Completo, en la Universidad Autónoma de Yucatán (UADY), donde laboró durante treinta años, desempeñando funciones de docente, investigadora y de gestión en educación superior, como Directora de la Facultad de Educación, durante ocho años, Coordinadora General de Educación Superior, entre otros.

Ha desempeñado docencia de grado y posgrado, en currículo e instrucción, evaluación de programas y centros educativos, uso de las TIC en Educación. Ha liderado proyectos de investigación y desarrollo en Innovación Educativa y de recursos TIC para profesores. Ha dirigido tesis de posgrado, así como trabajos terminales de grado en Educación. Ha sido parte de comités organizadores de Conferencias Internacionales en Educación, Psicología y Aplicaciones de las TIC en Educación (CcITA). Pertenece a asociaciones profesionales de Psicología y Educación.

Manuel E. Prieto

Estudió la Licenciatura en Matemática (1969) y el Doctorado en Ciencias (1985) en la Universidad de La Habana donde fue Profesor Titular hasta 1995. Desde 1995 es Profesor Titular Invitado en la Universidad Autónoma de Yucatán. Desde 2005 a 2015, Profesor Titular de Universidad en la Universidad de Castilla-La Mancha, en la que es actualmente Profesor Honorífico en el Instituto de Tecnología y Sistemas de Información. Desde 2013, es Profesor Asociado en Humboldt International University. Ha sido profesor invitado en Universidades de Costa Rica, Perú, Argentina, Colombia, México Chile, Estados Unidos, Polonia, Ucrania y Portugal.

Fundador (1990) y Coordinador Internacional (1993 a 1995) de RIBIE, la Red Iberoamericana de Informática Educativa, una iniciativa del Programa Iberoamericana de Ciencia y Tecnología (CYTED) cuyo ámbito de actuación es la investigación aplicada al desarrollo tecnológico y la innovación en la Educación en os países de habla hispana y portuguesa. Inició los Congresos Iberoamericanos de Informática Educativa (1993) que en 2017 celebraran su XIV edición.

Fue revisor fundacional de la European Schoolnet, red de los Ministerios de Educación de 30 países europeos.

Desde 2009 es coordinador de las Conferencias Iberoamericanas sobre Tecnología y Aprendizaje (CcITA) que se celebra anualmente y edita un libro que tiene actualmente 7 volúmenes anuales, y desde 2015 Presidente de la Comunidad Internacional para el Avance de de la Tecnología en el Aprendizaje (CIATA.org).

Es miembro numerario de la American Computing Machinery (ACM) y de la Society for the History of Technology (SHOT).

Es autor de 155 publicaciones que incluyen 11 libros, 41 artículos de revista y 65 papers en congresos. Ha dirigido tesis doctorales a estudiantes de Cuba, España, México, Chile, Argentina, Colombia, Honduras, Costa Rica y Estados Unidos.

Sus líneas de interés incluyen la tecnología educativa, la modelación del conocimiento, la inteligencia artificial y el e-Learning.

Virgilio Forte

Graduado en Ciencias de la Información. Especialista y Consultor en Gestión del Conocimiento e Inteligencia de Negocios. Profesor Titular. 18 años de experiencia como consultor en gestión del conocimiento, inteligencia de negocios, aprendizaje organizativo, habilidades del razonamiento y análisis de sistema. Autor de software para la representación del conocimiento.

Posee más de 20 publicaciones y 5 libros. Ha impartido docencia en Cuba, Italia y Gran Bretaña, así como participado en proyectos de investigación en Italia e Inglaterra. Desarrolló un proyecto de la Unión Europea con la Cass Business School de Londres. Ha participado en eventos nacionales e internacionales. Ha desarrollado el tema del aprendizaje con necesidades especiales.

María J. Espona

Licenciada en Ciencias Biológicas (1995) de la Universidad de Buenos Aires y Master en Estudios sobre Terrorismo de la UNIR (2013, España). Cursa actualmente doctorados en la Universidad de Granada (España) y Universidad de Castilla la Mancha (España). Experta en la problemática de Armas de Destrucción Masiva y en Calidad de Información, con múltiples artículos publicados en distintos países y participación en numerosos eventos de estos temas. Se desempeña como profesora en diversas instituciones públicas y privadas desde el año 2002, en tópicos de Ciencia y Tecnología, Desarme y No proliferación y Calidad de información, entre otros.

CO-Fundadora de ArgIQ, Asociación Argentina de Calidad de Información y Co-Fundadora y Vice Presidenta de la Federación Iberoamericana de Calidad de Datos e Información (FICDI). En 2010 recibió el premio al Liderazgo en Calidad de Información por parte del MIT IQ Program y en 2011 el premio a la destacada contribución a la Calidad de Información en Argentina por parte del MIT IQ Program.

Eduardo Orozco

Master of Science en Física de Reactores Nucleares. Master of Science en Inteligencia Competitiva. Consultor en inteligencia competitiva y gestión de información. Más de 35 años de experiencia docente y como conferencista en diversos países. Presidente del Programa Regional de Información para América Latina y el Caribe, INFOLAC, patrocinado por la UNESCO (2003-2005). Director de Consultoría BioMundi (1992-2003 y 2007-2011) y Director General del Instituto de Información Científica y Tecnológica de Cuba (2003-2007).Miembro (evaluador) del Comité Científico Permanente del Coloquio Internacional de Vigilancia Científica, Tecnológica y Estratégica (VSST), Francia (2000-actualidad).

Presidente del Comité Organizador del Taller Internacional de Inteligencia Empresarial y Gestión del Conocimiento en la Empresa, IntEmpres (2000-2010). Profesor de inteligencia competitiva, planeación estratégica, competitividad internacional y análisis de información, en Humboldt International University. Autor-coautor de más de 80 informes de consultoría en ciencias de la información e inteligencia competitiva. Más de 60 publicaciones, incluyendo artículos, capítulos de libros, bases de datos, edición de directorios, edición de libros técnicos y traducciones inglés-español para la UNESCO. Ponente en más de 70 eventos científicos en unos 20 países.

Anays Más

Doctora en Ciencias de la Información. Máster en Gerencia de la Ciencia y la Innovación. Especialista y consultora en inteligencia empresarial. Licenciada en Cibernética Económica, Rusia. Profesora Titular. Más de 20 años de experiencia como consultora en gestión de información, inteligencia empresarial y análisis de información. Posee más de 35 publicaciones. Ha impartido docencia en Cuba, Brasil, Venezuela, Angola y Estados Unidos, así como participado en proyectos de investigación en México. Durante el año 2014 formó parte del banco de evaluadores de proyectos de investigación de la Universidad Internacional de Ecuador. Ha participado en eventos nacionales e internacionales, resultando premiada en algunos de ellos. Tutora de tesis de grado, maestría y doctorado. Actualmente, continúa investigando sobre la inteligencia organizacional –tema de su tesis de doctorado y de tutoría al mismo nivel- de conjunto con la Universidad Estatal Paulista, Brasil.

Rubén Edel

Licenciado en Psicología por la Universidad Autónoma del Estado de México. Maestro en Educación con especialidad en Desarrollo Cognitivo por el Instituto Tecnológico y de Estudios Superiores de Monterrey. Doctor en Investigación Psicológica por la Universidad Iberoamericana.

Rubén Edel Navarro ha sido investigador del Consejo Nacional de Ciencia y Tecnología (CONACyT) de México durante los últimos 12 años. Desde 2007 forma parte del Comité de Asesores de la Abraham S. Fischler College of Education de la Nova Southeastern University de la Florida. Su línea de investigación sobre las TIC en la Educación le ha permitido publicar más de 50 artículos científicos, su inclusión en el Top-2000 del Ranking de Científicos de Instituciones Mexicanas por el Consejo Superior de Investigaciones Científicas de España, y de participar como ponente en los Estados Unidos, Puerto Rico, España, Panamá, Cuba, Argentina, Chile, Perú y México. Es autor de varios libros y obras electrónicas publicados en España, Colombia, Argentina, Chile y México.

Actualmente se desempeña como Investigador de tiempo completo de la Universidad Veracruzana. Coordinador del Centro de Innovación, Desarrollo e Investigación Educativa. Integrante del Núcleo Académico Básico del Doctorado Interinstitucional en Sistemas y Ambientes Educativos, reconocido por el PNPC-CONACyT, y del Cuerpo

Académico "Entornos Innovadores de Aprendizaje", con registro en PRODEP (Programa para el Desarrollo Profesional Docente).

Martha O. Ramírez

Licenciada en Lingüística por la Universidad de Sonora, en Hermosillo y Maestra en Educación por el Instituto Tecnológico de Sonora, en Cd. Obregón. Ha sido responsable de proyectos en el Instituto Sonorense de Educación para los Adultos (ISEA), específicamente en el programa de Alfabetización y Fomento a la Lectura. Se ha desempeñado en el área clínica de alteraciones de lenguaje en el Hospital CIMA y el Centro de Rehabilitación y Educación Infantil (CREE). Actualmente se desarrolla como docente en la Licenciatura de Ingeniería en Biosistemas y Licenciatura en Ciencias de la Educación de ITSON y asesora de diseño curricular específicamente en la competencia lingüística.

Ramona I. García

Licenciada en Ciencias de la Educación y Maestra en Docencia e Investigación Educativa por el Instituto Tecnológico de Sonora; Doctora en Educación con especialidad en Tecnología Instruccional y Educación a Distancia por la Nova Southeastern University de Miami, Florida. Ha impartido clases desde nivel preescolar hasta doctorado desde 1992 a la fecha; en el Instituto Tecnológico de Sonora ha sido Coordinadora de las Carreras de Licenciado en Ciencias de la Educación y Profesional Asociado en Desarrollo Infantil; Jefa del Departamento de Psicología y Educación, Directora Académica de la Unidad Guaymas, Coordinadora de Gestión del Conocimiento. Actualmente, profesora investigadora titular C del Departamento de Educación, responsable del Doctorado en Sistemas y Ambientes Educativos y líder de la Línea de Investigación del Cuerpo Académico de Tecnología Educativa en la Sociedad del Conocimiento. Ha participado en Congresos nacionales e internacionales con ponencias y conferencias relacionadas con la tecnología educativa y la gestión del conocimiento; ha publicado en distintas revistas nacionales e internacionales, así como coautora de algunos capítulos de libros. Ha participado en distintos proyectos de investigación a nivel institucional e interinstitucional (nacionales e internacionales), tanto de responsable como colaboradora.

Maricela Urías

Realizó los estudios de Licenciada en Ciencias de la Educación y la Maestría en Docencia e Investigación Educativa en el Instituto Tecnológico de Sonora. Cursó el Doctorado en Tecnología Instruccional y Educación a Distancia en Nova Southeastern University. Miembro del Sistema Nacional de Investigadores, Nivel I.

Sus líneas de investigación y publicaciones están orientadas a:

- Escuela y familia
- Violencia escolar

Se ha desempeñado como profesora de educación y coordinadora del área de español a nivel de educación primaria. Fue coordinadora de la Maestría Educativa del Instituto Tecnológico de Sonora y Jefa del Departamento de Educación de la misma institución. Actualmente es profesora investigadora de tiempo completo del Departamento de Educación, asesora de diseño curricular en educación superior y líder del Cuerpo Académico de Procesos Educativos.

www.ingramcontent.com/pod-product-compliance
Lightning Source LLC
Chambersburg PA
CBHW060229050426
42448CB00009B/1355